30歲前,
一定要存到

Saved to
one million

100萬

典馥眉 著

只要你擁有良好的
「儲蓄體質」,
就能擺脫萬年
窮人生活!

「開始存錢並及早投資，
　是最值得養成的好習慣。」

　　　　　　　　　～華倫・巴菲特

「會花錢」，比「會賺錢」存更多！

每一次的「花錢動作」，其實都是一次自我的「財政決定」。

一般人所謂的花錢，想的大概就是打開皮包，拿出鈔票，跟店員或櫃檯小姐「一手交錢，一手交貨」，把想要的東西變成自己的。又或者，翻開皮夾，抽出閃亮亮的信用卡，簽個名，接著就可以把想要的東西帶回家。

以上這兩種消費模式，只是一種「花錢動作」，而非自我的「財政決定」。

看到喜歡的、想要的，就掏錢購買，這是標準的「花錢動作」，它可能是充滿欲望的、衝動的、非理性的，以及盲目的。偶爾來一次衝動的、非理性的購物經驗，可能為我們帶來暢快感跟自由感，但如果常常如此，就會變成我們荷包財政赤字的最大元凶。

真正聰明的消費者在購物時，腦袋會同時瞬間跑過五個問題：

❶ 這是我「想要」的東西，還是「需要」的東西？如果答案只是單純的想要，這項產品很可能就會被放回原位，而非刷卡、買下、帶回家。

❷這項產品值這個價錢嗎？一個名牌包包要價兩萬台幣，一個普通包包只要兩千塊就可以買到，普通包大約可以使用五年左右，那個名牌包包的使用期限可以用五十年嗎？

❸有沒有更物超所值的選擇？

❹是不是有其他更棒的代替品？

❺購買這項產品能為生活加多少分？還是很快就會被束之高閣？

想要存下錢，不外乎是「開源」跟「節流」兩個辦法。

「開源賺錢」常常會被一些外在因素所影響，而「節流省錢」卻相對容易的多，只要我們好好看看自己是怎麼用錢的，砍掉不必要的浪費，或者學會更聰明消費，光靠「節流」所省下的錢，將會是令人吃驚的一筆豐厚存款。

最後感謝媽咪溫柔的支持、金城妹子可愛的插圖、琦熱情地招待、毅好聽的黑膠唱片跟現場演奏、嵐越來越奢華的紅酒課程、徐老師精彩經歷的分享、張老師的演講邀約、科技大學與各廣播邀約、張先生的全力支持，以及出版社所有同仁們。謝謝你們！

Foreword 前言

在這套書中，將生活中的所有支出分成兩大類，第一類是「固定支出」，即為上冊中跟大家一起分享的內容，第二類是「流動支出」，即為下冊中跟大家一起分享的內容。

為什麼要這樣分類？

在本質上，這兩項支出有很大的差異性，如果我們在一頭埋入理財的領域裡前，可以先了解它們之間的差異性，將會對我們接下來的「控管動作」，產生非常大的幫助。

最重要的幫助，就是協助我們做出——

1.首先應該把目光放到「哪一類支出」上？

2.應該先對哪一類支出做出改善措施，才能以付出最少的時間跟精力，輕輕鬆鬆存下更多的錢？

3.哪些支出的控管，其實只要做出「一次性動作」，就可天長地久一直省下去，一天天增長我們的存款數字。

4.又有哪些支出，讓我們沒感覺自己做了什麼事，卻每個月都在壯大荷包？

5.哪些支出可以變成生活中的小幸福，還讓我們錢越花越少，生活品質越來越提高，飲食安全與美味越來越好？

以下是對「固定支出」與「流動支出」的定義與分類，只要先了解我們生活有哪些開銷，分別屬於哪一類，接下來如何控管跟處理這些費用就會變得非常簡單，只要一項、一項慢慢看下去，在輕鬆閱讀中，就能輕易掌握其中要領，不知不覺存下「超有感」一桶金、兩桶金！

每個月的「固定支出」

固定一定要支付的費用，通常剛開始設定好一個費用數字，接著就會不斷一直繳交下去。例如：住進每個月要繳交一萬塊房租的房子，通常可以輕易推算出一年房租費用要十二萬。這類費用有房租、房貸、保險費用……等等。

固定支出，就像我們身邊一個永遠不會被關起來的水龍頭，我們能**掌控這個水龍頭的程度不是開跟關，而是「水流量的大小」**。

舉個例子：我們以「月」為單位支付房租費，不管我們是否出差、出國旅遊，每天一睜開眼睛，就必須付出一筆房

租費用，以每個月要繳交一萬塊房租來說，每天醒來，無形中房租費300元就會從我們的荷包裡消失，這就是所謂「永遠不會被關起來的水龍頭」。

每個月的「流動支出」

自由度較大，每次花費幾乎都是「一次重新的選擇」。例如：今天要吃餐廳還是路邊攤？這個選擇會影響到這餐飯的費用是1,000元，還是100元。這類費用有三餐、娛樂費、零用金、治裝費用……等等。

流動支出，就像我們身邊一個常常需要開開關關的水龍頭，我們能掌控這個水龍頭的「開跟關」，以及「每一次的水流量大小」。

舉個例子：每當我們知道哪裡有科技展或百貨公司周年慶，決定前往的那一刻，我們已經準備好要打開水龍頭，讓我們荷包裡的錢流出去。

等人到會場，這個很可能會流乾我們荷包的水龍頭，在我們每一次興起「真想買」的念頭時，就會被打開一次，而「每一次的水流量大小」，也就是價格的決定權，往往不在我們手裡，而是廠商定價。

在上冊PART1中，介紹許多輕鬆掌握儲金高手珍藏的表格、存錢祕技、用錢妙方，再以PART2的Jennifer為例，整篇內容交代完她是如何輕鬆省下一桶金。在下冊裡的PART2，再次搬出Jennifer的例子，看她如何笑咪咪再省下一桶半的金！

同樣的，上下兩冊中的PART3都以Rebecca為例子，上冊中交代她如何省下「固定支出」，下冊則分享她如何省下「流動支出」，並把這兩種支出合併起來，看看Rebecca最終可以為自己省下多少驚人的金額！

最後，在本書PART4中，我們將再次強化這些能存下N桶金的好習慣，和踏出投資自我、讓錢滾錢的第一步吧！

在上冊中，我們詳談了「固定支出」，下冊裡，我們將要把目光轉向更能靈活運用的「流動支出」，一起動動腦筋，把我們更能掌控主控權的流動支出，成為能讓我們存下一桶金的最大金礦吧！

Contents 目錄

Contents 目錄

Part 3

就算22K，每月也能從「流動支出」存到錢 101

Part 4 建立存下N桶金的好習慣與聰明投資富心態 147

memo

Part 1

存錢難，不難？

整理自己的金錢，到底有多難？

答案：一堆數字＋國小計算能力！

理財＝一堆數字 ＋國小計算能力

我們付帳的時候，不能只看眼前的消費金額，還要看看這個決定背後所延伸出來的費用。

整理自己的金錢，到底有多難？答案：一堆數字＋國小計算能力！

只是在這裡還有一件必須特別小心注意的事情——在我們付帳的時候，不能只看眼前的消費金額，還要看看這個決定背後所延伸出來的費用。

例如：Jennifer以前的租屋，除了每個月一萬塊的房租外，還要另外支付「延伸費用」像是——大樓管理費，每個月又要硬生生燒掉一千多塊，還有許多公共設施的水費、電費，這些費用每個月都要繳付，一年下來，往往也是一筆不小的開銷喔。

在日常生活中，常常會有許多我們想像不到的費用產生，要避免白白花掉原本不需要花掉的錢，就必須把「錢」轉化成「數字」，最後再來評估租這個房子或是買某樣商品是否值得。

不少人購物時，喜歡刷卡「零利息」分期付款，雖然可以減輕現在的財務負擔，但**當下的這個購物決定，其實就是在向未來的自己借錢買這項產品。**

也許我們當月的收入夠支付這筆款項，但下個月、半年後，甚至是一年、兩年後，這筆費用會不會對生活造成負擔？我們往往沒有預知能力去知道。

信用卡使用得當，對生活或儲蓄是一大助力，但若使用不當，將會為生活帶來可怕的壓力跟麻煩。

有人會問，什麼樣的人或情況適合使用信用卡？

答案其實很簡單，生活中不需要信用卡也能過生活的人，便可以適度使用信用卡。如果不確定自己是否為這一類的人，可以計劃讓自己一個月都不使用信用卡看看。

有些朋友使用信用卡時會特別謹慎，像是今天刷了多少錢，回家後就會立刻**從錢包裡掏出相等金額，放進固定的紅**

包袋內，以免到要繳帳單時，才赫然發現自己根本就拿不出錢來。

　　通常這類朋友的頭腦都非常清楚，他們想要刷信用卡所帶來的紅利點數或飛機里程數，卻不想預支自己未來的花費，所以先掏出信用卡結帳，賺到紅利點數或飛機里程數的同時，也把現金掏出放進固定的袋子裡，只取信用卡的優點來用，善用腦袋規避掉信用卡的缺點，一舉兩得！

 能量撲滿 ·

　　動動腦，讓金融貨幣為我們的生活大大加分，同時也要小心不要讓自己被金融貨幣所操控喔。

· ·

剛開始不要對
自己太過嚴苛喔！

開開心心「存到人生第一桶金」是一個「歷程」，不是結果；同時也是一種「思考模式」。

請把存錢當成是一種遊戲，而不是一種修行喔。

立志要存錢初期，請記得要把遊戲規則定得稍微鬆一點，不要在剛開始就把自己逼得太急。如果一開始就獲得滿滿成就感的勝利，例如：從月光族搖身一變成為小富婆的Jennifer，接下來的日子，她只會更加殺紅了雙眼似的猛存錢！

光是揮大刀斬斷不需要的開支以外，Jennifer目前還積極拿錢滾錢中，整個人從原本談錢便心情低落的模樣，到現在只要談到錢，雙眼立刻併發出驚人的熱情！

對她來說，存錢的目的除了存款數字變多、完成許多她以前不敢想像的事情之外，還意外帶來一個超棒的好處：活得更有熱情！

經過好好審視自己每個月的「固定支出」與「流動支出」兩大關卡之後，現在的Jennifer不僅快速存到錢，更棒的是開始變得懂得如何更有效運用時間、照顧自己的健康、持續不斷精進自己存下大桶金的計劃。

在本書PART2中，我們很快就會談到Jennifer如何在「流動支出」裡，存下大把大把的存款，現在Jennifer幾乎已經成功把自己蛻變成「有錢人體質」。

如果一開始進行的並不順利，那更好！

就像玩遊戲時的心情一樣，那股子「我非要征服不可」的可怕毅力，絕對會讓我們如願以償，而且往往還能存下更多的金錢喔。

不管月薪多少，我們一定要從「自我審視開銷狀況」開始，這部分可以仰賴「固定支出表格」以及「流動支出表格」，只要花個十分鐘時間，輕鬆將表格填完，存錢這檔事最重要的第一個步驟，我們已經完成。

　　緊接著，我們可以開始「擬定計劃」、「付諸行動」、因小有成功而「對存錢慢慢產生興趣與心得」、「開始累積金錢」，不斷良性循環，最後終於開開心心「存到人生第一桶金」！

　　開開心心「存到人生第一桶金」是一個「歷程」，不是結果；是一種「思考模式」，不是唯一特例。

　　只要好好利用Part5的空白表格，依照表格不同的功能，擬定適合自己的計劃，開始行動，就已經埋下存到第一桶金的幸福種子！

 能量撲滿

　　　存錢其實一點也不難，只要對生活中的一切稍稍留意，就可以為自己省下大把鈔票、存下為數可觀的金額。

跟數字混熟，荷包就會不自覺滿、滿、滿！

只要把錢花在真正該花的地方，想要存下人生第一桶金，將是指日可待的事。

跟數字混熟，它就會成為我們輕鬆存錢的超級利器！

當我們腦子裡冒出「天啊，這星期伙食費花太多錢了」，或者是「這星期聚餐去得太多次，幾乎把下個禮拜的『聚餐額度』消耗完了」這些念頭時，恭喜大家，我們已經成為「數字的掌控者」了喔。

因為我們已經非常習慣在不知不覺中，巧妙平衡生活用度裡的各項開銷，而不是被那些數字耍得團團轉。

數字其實一點都不可怕，尤其是這些數字，背後代表的是我們的「摳摳」時，更是如此！

在這本書中，所有的運算只有非常簡單的「加跟減」而已，偶爾來一點乘跟除，用數字掌握自己的金錢往來，其實就是這麼簡單，一點也不難。

另外，每次花錢時，只要稍微多想一想，問問自己：「這筆錢真的『有需要』花嗎？」只要把錢花在真正該花的地方上，想要存下人生第一桶金，將是指日可待的事，而不再是遙不可及的夢想。

「讓存款數字變多」的四大步驟：

第一點：先掌握錢流出去的流向。建議可以借用本書中的幾個表格，好好幫自己的金錢用度好好體檢一下。

第二點：刪減不必要的固定支出（詳情請見套書上冊：省小錢輕鬆存下100萬）──在幾個太過浪費的花錢出口，設下幾道水閘口，為荷包好好把關，輕輕鬆鬆存下人生第一桶金。

第三點：善用生活小聰明改變流動支出（本書即將詳細分享）──在日常生活裡，動動我們滿腦子的鬼點子，把原本要付出去的錢，轉個彎，通通存進我們的荷包裡吧！

第四點：培養自己的投資眼光，也別忘了投資自己，建立富者心態與習慣，會把自己帶往更高層次的生活喔！

「花費」？
還是「浪費」？

面對「浪費」時，請用力使勁揮下手中的大刀，
痛痛快快把「浪費」徹底從我們生活中切除吧！

人的一生，永遠逃不了要被這兩樣東西夾攻！尤其每次購物時，總忍不住會在心裡偷偷問自己，這到底是應該要支出的「花費」，還是「浪費」呢？

「花錢思考點」：這筆開銷到底是「花費」還是「浪費」？例如：一般火鍋店的鍋物VS.高級地段的鍋物當作午餐，前者是「花費」，後者則是「浪費」，價錢常常可以相差300元以上不止。

又例如：購買一雙鞋子，如果鞋櫃裡已有類似的鞋款或顏色，再多買一雙的結果，可能是一年用不到一次，那就是浪費，而非花費。

「花費」還是「浪費」？常常可以拿來跟「需要」還是「想要」相互對照來看。

購買「需要」的東西，就是「花費」，購買「想要而非需要」的東西，就是「浪費」。

面對「浪費」時，請用力使勁揮下手中的大刀，痛痛快快把「浪費」徹底從我們生活中切除吧！

購買想要而非需要的東西，常常無法為我們的生活加到分數，有時候反而因財務壓力過大而扣分。

至於「花費」，就搬出我們腦袋瓜裡各式各樣的小聰明，在維持一定品質前提下，盡量把它下修到最低的額度。

很多人會不自覺抱持著一種心態，總覺得「好像沒有差很多」、「其實還在自己可以負擔的範圍」，或者是「這種零碎的瑣事隨便就好了，幹嘛花精神去研究嘛」。

這種大概就好的處事態度，常常就是造成錢包裡的錢迅速消失的重要主因，每一次的「好像沒有差很多」，經過日積月累的堆積，將會造成令我們驚愕不已的巨額存款。

　　以前Jennifer也是個喜歡隨性度日的人，但是當她開始認真面對、妥善使用自己辛苦賺來的每一塊錢後，才霍然發現**太粗心過生活，會帶來無可避免的個人財務危機**，最可怕的是，財務危機往往還會帶來更令人頭痛的壓力。

　　請永遠記得，真正的有錢人，絕對不是一擲千金的爽快人，而是善於精打細算的精明人喔！

 能量撲滿 ···

　　　　每當購物的時候，只要我們稍微停下腳步，看著
　　　　被陳設的美侖美奐的商品，偏頭想個幾分鐘，站
　　　　在店家或賣方的立場想一想，就會全身冒冷汗地
　　　　發現：自己似乎差點又踏進金錢陷阱裡頭。

···

理財，從
「整理貼身錢包」開始！

「把錢安妥地放進錢包裡」，是理財的第一步！

　　很久以前，曾經看過一位朋友付帳時，從褲袋裡掏出所有一小團、一小團藍色紙鈔，形狀就像用過的衛生紙，拼命在褲子裡翻找了許久，就只為了找出30元零錢買一樣小東西。

　　不曉得為什麼，那一幕實在令人感到震驚，心底忍不住冒出星點疑問：「如果這時候吹來一陣微風，把紙團們通通吹落地面，他恐怕也不知道應該撿回多少張鈔票吧？」

　　人生裡，不只有微風，還常常會冒出一些令人措手不及的颱風、滔天巨浪，那時候它吹走的，可能不只是幾張揉成一團的千元大鈔，說不定還能輕易顛覆我們整個人生。

「把錢安妥地放進錢包裡」，是理財的第一步！

後來，又有許多朋友（包括以前的自己），剛開始使用一個皮包時，總是極輕，漸漸的，皮包不自覺慢慢加重，到最後居然榮登「手提包裡最重物品」的第一名寶座！？

讓人不禁想自問，除了薄薄的那幾張寶貝鈔票外，到底裡頭都裝了什麼啊？

錢包裡最常放哪些東西？

第一樣：成堆的發票。裡頭包括「就算對獎中了」也無法領獎的八百年前發票。

第二樣：吃過、感覺不錯的店家名片。雖然當下有拿名片的衝動，但事後再回鍋的機率，平均大約十家只有一家。疑問：為什麼我要把所有餐廳的名片帶在身上？明明我就不是美食版記者，也不是餐廳推銷員啊！

第三樣：早就沒在用的信用卡，塞了一大堆。再次疑問：我這麼做，到底又是為了什麼啊？

第四樣：乘車時刻表、捷運卡、工作證……幾乎把生活中的所有一切都丟進來了，萬一錢包隱形，自己的世界恐怕也會跟著立刻崩塌！

第五樣：身分證、行照、駕照一應俱全。

第六樣：一堆「收了，就再也沒出來看過」的名片。錢包在不知不覺中，居然還竄了名片簿的位？那特地買來的名片簿，後來又被我們拿來做什麼事了？

第七樣：沉甸甸的硬幣零錢。所以……我現在是在練手臂力氣就對囉？

第八樣：許多早就過期的集點卡、優惠卷。

能量撲滿

固然「錢再賺就有」，
但「錢若不好好存著，就永遠沒有存款」喔！

錢包整理術
八個錦囊妙計

一場牌局，想要打得漂亮，第一步就是先把手邊所有牌拿上手，亮出來，然後臨機應變不斷出牌、出招。

針對以上八大錢包問題，有以下八個錦囊妙計跟大家分享，讓錢包裡的小缺點，通通變成生活中的聰明小智慧：

第一樣：成堆的發票。在家裡準備一個「發票桶」，每個月準時對發票，沒中立刻丟入紙類資源回收裡。每次對發票，都要抱著「尾牙抽獎」，或者是「買樂透」的心情。

如果真的懶得對獎，就丟入「捐發票的箱子」裡吧。做個有愛心的人，有時候會莫名其妙讓自己就這樣開心起來喔！

第二樣：吃過、感覺不錯的店家名片。把這些東西通通拿出錢包，不是放進公司抽屜裡，就是家裡抽屜裡，真正重要、會一直常去光顧的，就把店家訂位電話存進手機裡吧！不然，直接用相機拍照，以「存下照片」的方式，來收藏名片也是一個很不錯的選擇喔。

第三樣：早就沒在用的信用卡。請大膽用力地剪掉它們，然後把常用的信用卡，放在錢包最顯眼的位置。

第四樣：乘車時刻表、捷運卡、工作證……這些東西請放在手提包的內層，當作分散風險之用，不要丟了皮包，連家都回不了，而且基於「財不露白」的大原則，請把原本每天掏出錢包10次左右，縮減成6次以下吧——

第五樣：身分證、行照、駕照一應俱全。這些東西，也適合放在手提包的內層即可喔，沒必要付個帳，就要把所有身分證明文件拿出來一次喔。

第六樣：一堆「收了，就再也沒出來看過」的名片。名片擺在不對的位置，對我們的生活不但毫無幫助，說不定還會喪失一條重要人脈。

名片該怎麼處理、使用、發揮最大效應，歡迎翻閱典馥眉「20幾歲要累積的人脈學分」這本書，裡頭有許多相關說明可以好好運用喔！

第七樣：沉甸甸的硬幣零錢。在付帳時，盡量請先把零錢付掉，此舉不但可以減輕錢包的負擔、自己肩膀上的重量，還可以延後把大鈔找開的時間點，以免自己又一下子把錢全部花光光。

第八樣：許多早就過期的集點卡、優惠卷。優惠卷一定要分店家擺放，例如：Jennifer的超強買鞋策略，如果她把優惠卷擺在錢包裡，又要如何跟VIP卡、8折禮卷相互交相使用，好獲得最大額度的折扣呢？

能量撲滿

避免自己花掉原本不需要花掉的錢，就必須把「錢」轉化成「數字」，再來評估這筆花費是否值得喔。

Part 2

減少流動支出 大作戰

「省錢」，不是「不花錢」，
而是動動腦筋想想「該怎麼把錢花在刀口上」！

一分鐘完成的健康
早餐，天天吃、每天省！

> 懂得善用每一分資源，我們都可以是生活中的大贏家。

懂得善用每一分資源，我們都可以是生活中的大贏家，也是守護地球的小小守護神。不懂得善用資源的人，很可能在無意之間，不小心傷害我們共同生存的環境，也瘦了自己的荷包！

現在，就讓我們一起走入「如何減少流動支出」表格裡吧，看看能在「固定支出」中，悠悠哉哉就可以在十年後存下人生第一桶金的Jennifer，這次在「流動支出」中，又能產生什麼樣驚人的結果呢？

早餐變化相對於午餐跟晚餐比較不多，大多是吐司跟一杯飲料之間的變化。不過，光是「吐司」這項素材，就可以

玩出許多變化喔！再者，「吐司」保存方法很簡單，只要把它放進冷凍，食用前，再拿出來稍微退冰一下，或者直接運用也可以。

吐司吃法美味大公開：

超受歡迎吐司吃法第一招：法式吐司。先拿一個容器，裡頭放進半杯牛奶、自己喜歡的糖量、打進一顆蛋，攪拌一下，使其均勻。拿出吐司，沾上自製的沾料，放到平底鍋，開小火，煎烤到熟，好吃到噴淚的法式吐司就這樣完成囉！

超受歡迎吐司吃法第二招：披薩三明治。事先將洋蔥、青椒、紅蘿蔔、小黃瓜切成薄片，放進保鮮盒裡，送進冰箱冷藏，等需要食用時，拿出吐司跟保鮮盒、一片起士。

先在吐司上頭擺滿適量的洋蔥、青椒、紅蘿蔔、小黃瓜，最後放上一片含有豐富鈣質的起士片，放入烤箱中，轉至4分鐘左右的刻度，然後放著不管，先去準備上班。等要出門時，再回到烤箱前，把已經烤好又香氣逼人的披薩三明治帶走吧！

超受歡迎吐司吃法第三招：咖哩三明治。把冰箱裡，那一大鍋咖哩舀一些到吐司或麵包上頭，放進烤箱或為波爐裡烘烤一下，美味的咖哩三明治一下子就可以完成囉。如果午

餐已經準備了咖哩飯，就比較不建議早餐吃咖哩三明治喔。

這個方法實際操作只需不到一分鐘的時間即可完成，非常適合在早上製作。在烤箱烘烤時，別傻傻待在前面等待，可以先去刷牙洗臉，要出門前，再繞過來拿出香噴噴的咖哩三明治就可以囉。

超受歡迎吐司吃法第四招：最愛大蒜麵包。拿出可以在為波爐中加熱的容器，放進奶油，進入微波爐中加熱到融化，然後灑上切碎的蒜頭，輕輕攪拌一下，塗抹在麵包或吐司上，放進微波爐中稍微加熱烤一下，接著就有香噴噴的大蒜麵包可以享用！

超受歡迎吐司吃法第五招：麵包夾荷包蛋。這是最簡單也最傳統的吃法，煎顆蛋，灑點鹽巴，最後再把鹹鹹嫩嫩的荷包蛋夾在吐司裡就算大功告成。

Ps:如果不小心煎成炒蛋也不要緊，反正都是夾在吐司裡吃的東西，無所謂賣相好壞的問題囉。

超受歡迎吐司吃法第六招：奶酥吐司。事先做好奶酥醬，其餘步驟都跟大蒜麵包一樣，要吃的時候，把事先做好的奶酥醬塗在吐司上，放進烤箱裡烤著4分鐘左右，就可以完成香酥甜美的奶酥吐司喔。

奶酥醬製做法：奶油、砂糖、牛奶，以比例2：1：2攪拌均勻後就ok。

超受歡迎吐司吃法第七招：果醬或花生醬吐司。只要買一罐花生醬或果醬，就可以吃到好吃的果醬或花生醬吐司。一份包裹著自己喜歡內容物的吐司，可以隨著心情放入果醬、蔬菜或是甜醬，每天早上只要多花個一分鐘不到的時間，就可以享受到便宜又營養的豐盛早餐。何樂而不為呢？

為了營養順便減肥，Jennifer不再買外頭的紅茶或奶茶當作早餐飲料，而改打蔬果汁，或是自備綠茶包，來杯熱熱的無糖綠茶吧！

結果Jennifer每天的早餐支出費用，改變如下：

Jennifer原本外食早餐的流動支出

流動支出	每天平均支出	每月支出
早餐	60	1,800

Jennifer後來自己做早餐的流動支出

流動支出	每天平均支出	每月支出
早餐	35×30（天）	1,050

存款秘書二號

流動支出	每月支出	後來支出	當月現省	一年省下	五年省下	十年省下
早餐	1,800	1,050	750	9,000	45,000	90,000
午餐	4,500					
晚餐	4,500					
聚會大餐	2,800					
娛樂費（唱歌）	4,000					
治裝、鞋費	3,000					
保養品費用	1,000					
雜用	500					
飲料費	1,500					
零用金	500					
每月流動支出總和	24,100					

Jennifer大多會在前一晚備好料，隔天早上認真製做早餐的時間，往往不到一分鐘時間。

在她賺下健康的同時，還能**一個月省下750元，一年省下9,000元，五年省下45,000元（四萬五已經是許多人兩個月的薪水了）**，十年省下**90,000元**，驚人的九萬塊（已經可以到歐洲德國玩一趟）！

能量撲滿 ･･････････････････････････

A. 根據家庭主婦線報：有些大賣場，常有快要到期麵包的五折特價活動，平均一條大約30片左右的吐司，只售價30元左右，平均一片麵包約一塊多，相當便宜。不過，要買這種吐司，可是要一大早進大賣場，或者剛好遇到喔！

B. 如何處理便宜買來的吐司呢？一定要記得冷藏，如果會吃得比較久一點，則建議一定要放冷凍。等要吃的時候再拿來出來，不過，在烹調前，可別忘了要在上面噴水，這樣可以讓麵包吃起來依舊軟嫩喔。

午餐自己做，
強身又肥了荷包

不僅要存到錢，還要賺到健康、生活技能提升、讓自己活得更有活力！

午餐時間，上班族大多在公司附近用餐，很自然的，午餐餐費的多寡，幾乎只能取決於公司附近餐館的價位。

如果餐館價位普遍便宜，就算賺到，但如果像Jennifer，公司位於台北東區，每餐餐費平均下來幾乎都要150元左右，長期下來可就非常吃不消囉！

不過，自從花了一小段時間，大刀闊斧砍掉許多平常**很少使用、或偏向浪費型的「固定支出」**後，Jennifer已經被銀行存款簿中「穩健中不斷成長」的數字所大大激勵，在每個月固定省下一筆可觀數字後，現在她把重心轉移到平常生活中。

這次，她不僅要存到錢，還要賺到健康、生活技能提升、讓自己活得更有活力！

Jennifer看著自己幾乎每頓都要超過150元的午餐，開始著手計劃如何刪減或降低這些花費。現在，我們就在這裡和大家分享她減重、健康、能存到錢的「三優午餐計劃」吧！

第一招：豆腐＋青菜沙拉法。前一晚在自己可愛的家裡準備好一塊豆腐、一盒清洗乾淨的各式蔬菜、一盒泡醋的海藻類，當作午餐。進食此午餐方法的前提是——早、晚餐必須正常吃。

為什麼一定要有豆腐呢？因為豆腐其實有很高含量的卵磷脂與鈣質，是營養價值非常好的食物！這樣的一餐不僅營養價值夠，也非常適合想要健康減肥的人選擇使用喔。

第二招：美味又不容易壞的涼拌豆芽。建議可以在假日時，到傳統市場採買，一包豆芽大約10元左右，約兩餐份量，可以一次買個幾包，一次烹煮，然後成為每頓午餐時，營養又可口的迷人小菜。

烹煮方法：就跟「殺青菜」一樣簡單，然後把煮熟的黃豆芽菜，用冷水沖個兩三次以後，再加入各人喜好的調味，

像是一點點鹽、黑醋、剪點含有豐富維他命C的辣椒、白醋⋯⋯徹底涼拌，最後放入冰箱保存。用這個方法料理涼拌豆芽，可以保持它好幾天都依然嚼勁十足呐！

第三招：一次煮好一大鍋白米飯，要怎麼保存才能依然美味？午餐自己準備，其實非常適合帶咖哩飯。最棒的是，咖哩鍋可以一次煮一大鍋，白米飯也是。

不僅省電，也非常省時間跟精神。只是白米飯有時候在冷藏冰久了，會有點乾乾的感覺，吃起來感覺不是很好。建議可以使用以下方法，徹底解決這個問題。

將米飯以「一餐一包」的方式，用保鮮膜包起來，放進冷凍庫，需要食用的時候，再從冷凍拿出來，放進微波爐裡加熱，米飯吃起來的口感幾乎跟剛煮好時差不多。如果想要再更講究一點，可以在飯上頭灑上一些開水，再拿去加熱，這樣就絕對不會有太乾的問題產生喔！

第四招：超簡單玉米料理法。假日到傳統市場逛逛，尤其是接近中午時，常會有很台灣味的便宜可撿，例如，玉米就是其中一例。

有時候會有一盤五根玉米，只要50元的特價，買回家後，請一次煮好，方法跟「殺青菜」一樣，同樣簡單到掉

渣。等冷卻後，通通塞進冰箱冷凍庫（切記：千萬不要塞住出風口喔），等要食用的時候，拿出當時要吃的分量，經過加熱後，就可以好好大快朵頤一番！

第五招：各式白米飯料理大公開。白米飯最平凡，也最常見，可是它能做出多少種簡單、健康又能吃飽的美味料理，大家都掌握了嗎？

白米飯化身為迷人壽司──

來片海苔跟數條長條狀小黃瓜、煎蛋、紅蘿蔔、火腿，仔細捆成一圈，要不要切成細塊都無所謂，師大附近也有專賣整條拿起來啃的美味壽司，不一定還要花功夫去切它喔。

白米飯化身為可愛飯糰──

傳統的飯糰更容易製作，裡頭餡料簡單但用心，可以放進味道濃香的肉鬆、口感鬆脆的岩燒海苔、碎香的油條，還有醃製的爽口酸菜，最後以些許甘甜的梅菜作結，好吃到令人噴淚的飯糰，就這樣誕生啦！而且更方便的是，不需要裹住所有白米飯的海苔，只要拿個透明塑膠袋，動手捏一捏，可愛傳統飯糰就這樣在我們掌心捏來捏去中翩然誕生～～

白米飯化身為跳躍炒飯──

前一晚就可以製做，把平常吃剩的白米飯跟蛋、玉米粒、切丁火腿，愛吃什麼料就放進什麼料，炒熟後，分別分

進幾個便當盒中，隔天上班只要「記得開冰箱拿便當盒」，就有香噴噴的蛋炒飯可以吃囉。

　　白米飯化身為壽司飯糰──製做方式與傳統飯糰一樣，只是給特別熱愛海苔的人，可以學御飯糰，在外頭又包上一圈海苔喔。

　　白米飯化身為咖哩燴飯──這道便當，也是隔天上班只要「記得開冰箱拿便當盒」，就有香噴噴的咖哩燴飯可吃的超方便餐點，隔天帶到公司，只要稍微蒸一下，就可以大快朵頤。

　　結果Jennifer每天的午餐支出費用，改變如下：

Jennifer原本外食午餐的流動支出

流動支出	每天平均支出	每月支出
午餐	150	4,500

Jennifer後來自己做午餐的流動支出

流動支出	每天平均支出	每月支出
午餐	50×30（天）	1,500

存款秘書二號

流動支出	每月支出	後來支出	當月現省	一年省下	五年省下	十年省下
早餐	1,800	1,050	750	9,000	45,000	90,000
午餐	4,500	1,500	3,000	36,000	180,000	360,000
晚餐	4,500					
聚會大餐	2,800					
娛樂費（唱歌）	4,000					
治裝、鞋費	3,000					
保養品費用	1,000					
雜用	500					
飲料費	1,500					
零用金	500					

　　怕早上上班來不及，Jennifer大多會選擇可以在前一晚準備好便當的方式，來當作自己午餐。隔天一早，只要把便當從冰箱裡頭拿出來，放進便當裡，就可以拎著去上班，往往連10秒鐘時間都不用。

在Jennifer賺下少油少鹽的健康同時（這個才是最重要的，存錢第二！），還能一個月省下**3,000**元，**一年省下36,000元，五年省下180,000元**（十八萬已經可以到歐洲德國、法國玩個一趟），**十年省下360,000元，驚人的三十六萬塊！**

「自己煮，中午帶便當」**十年就可以存下超過1/4桶金的存款**？！這樣愛惜自己身體與荷包的事，其實非常值得試試看喔。

能量撲滿

什麼叫「剪點含有豐富維他命C的辣椒」？不管到大賣場或是傳統市場，紅色小辣椒總是一小包、一小盒賣，而且非常便宜！吃不完是正常的事，建議可以放進冷凍庫裡，等需要使用時，再拿出來。這時候，請想像自己是頂級大廚師，正在現磨義大利麵上的起士，或是講究西餐上標榜現磨黑胡椒的廚房大師，秀出我們煮菜專用的剪刀（一把10元的那種剪刀也OK喔），一手拿起冰得像冰棍般的小紅辣椒，把它剪得細細的，看著它像一朵朵小紅花似的飄落在透明可愛的豆芽上頭……這時候請別急著攪拌，先欣賞結了冰霜的小紅花一會兒吧，感覺真的很棒喔！

飯糰輕鬆DIY！

STEP 1

把一個透明塑膠袋
對半剪開

STEP 2

利用袋子角輕鬆捏出形狀
隔著袋子捏也不會弄髒手喔！
把喜歡的內餡趁這時候
塞進去吧！

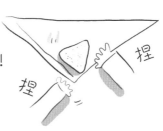

STEP 3

塑好形後拿出來
包上鮮脆香鹹的海苔就完成了！
再用海苔和芝麻變化出造型，
是不是很簡單呢？

吃著吃著
就默默存下3/5桶金！

開開心心「存到人生第一桶金」是一個「歷程」，不是結果。

下班回到家後，Jennifer有更多時間烹飪，也有更多時間好好吃上一頓，現在她很喜歡邀請住在自己隔壁的朋友，一起過來烹煮食物，一邊分享當天的生活趣事。

經過幾個禮拜假日到傳統市場採買，每晚與朋友一起烹飪，Jennifer得出以下幾項心得。

「簡單烹飪」時要掌握的幾個大原則：

第一原則：能用烤的就不要用炸的。
例如：一條15塊錢不到的秋刀魚買回來，與其丟到鍋子裡加油煎，不如包妥錫箔紙後，放進烤箱，只要十五分鐘不

到的時間，一條美味的現烤秋刀魚就可以端上桌囉！特別是在沾上一點海鹽與自己擠得檸檬汁，Jennifer總是能馬上露出法國人一副正要開口說出「這就是人生呐」的美妙神情，換成台灣人版的「那滋味簡直是天上人間呐～～」

第二原則：為了健康，下手放油、灑鹽、丟糖時，請記得，下手千萬別太重啊！

在放這些調味料時，有個超優小秘訣：「口味永遠比自己覺得剛剛的程度，再稍微淡一點點」。如此一來，雖然美味程度少一點點，卻可以換來千金難買的珍貴健康喔！

第三原則：多吃有飽足感又健康的蔬菜類。

如果覺得老是「殺青菜」口味太淡，不是加海鹽，就是加醬油吃得有點膩，建議可以拍一點蒜頭，先熱鍋，倒冷油，等油熱再丟入切成小塊或切片的蒜頭，只要蒜頭開始變得金黃，又散發出濃濃香氣，就可以把洗切好的空心菜，或是其他菜類丟入鍋中快炒。如此簡單的一道菜，不到五分鐘，就可以把健康跟美味同時端上桌喔。

第四原則：紅豆湯晚餐法。

紅豆擁有可以去浮腫、利尿兩大功能，對女人來說更是很棒的食物。如果前兩餐正常吃，晚餐吃上一小鍋紅豆湯，不僅對身體好，存下健康的同時，還能順便肥了荷包！煮食方法：可以先將紅豆泡水一天，隔天再放入電鍋中煮，這樣

做比較省電，只需要煮一次就可以。如果忘記也沒關係，可以洗淨放入鍋中後，先煮過一次，等電鍋「跳起來」，放入適量的糖，再按下電鍋再煮一次，等它再次「跳起來」時，就可以端出來大快朵頤囉。

從頭到尾，我們只需要洗一下紅豆，按按電鍋，加一下糖，就可以等著吃，是一道非常方便又營養的最佳晚餐喔！

第五原則：把隔天的便當，順便準備起來。這類菜色可以有義大利麵、一星期煮一整鍋的咖哩。不管是義大利麵肉醬或者是咖哩都可以在冰箱裡放好幾天不壞，非常適合帶便當喔。

「咖哩這樣煮比較好吃」妙招大公開。
第一招：馬鈴薯、紅蘿蔔、洋蔥切好後，丟入鍋子，加水，放進電鍋裡煮到飄出香味。

煮好後，拿到桌上放涼，最後放入冰箱，記得一定要隔天再食用，這樣湯汁的甜味才能出來。這就是珍貴的咖哩基底！

第二招：將奶油跟麵粉以相同比例，攪拌在一起，放入平底鍋中稍微煮一下，再倒入前一晚的咖哩基底與咖哩塊，就能完成味道濃郁的咖哩囉。

第三招：完成咖哩基底隔一天，從冰箱取出來，放進電鍋，丟入咖哩塊或咖哩粉，一次煮好，就可以享用很多天。

建議：這類「適合帶便當」的菜色，可以準備起來當作隔天午餐，晚餐則可以稍微「慢活一點」，花點時間，煮頓小小豐盛又健康的晚餐給自己享用吧。

結果Jennifer每天的晚餐支出費用，改變如下：

Jennifer原本外食晚餐的流動支出

流動支出	每天平均支出	每月支出
晚餐	150	4,500

Jennifer後來自己做晚餐的流動支出

流動支出	每天平均支出	每月支出
晚餐	100×30（天）	3,000

存款秘書二號

流動支出	每月支出	後來支出	當月現省	一年省下	五年省下	十年省下
早餐	1,800	1,050	750	9,000	45,000	90,000
午餐	4,500	1,500	3,000	36,000	180,000	360,000
晚餐	4,500	3,000	1,500	18,000	90,000	180,000
聚會大餐	2,800					
娛樂費（唱歌）	4,000					
治裝、鞋費	3,000					
保養品費用	1,000					
雜用	500					
飲料費	1,500					
零用金	500					

　　晚上下班後，終於可以比較放鬆的Jennifer，不僅可以和朋友邊聊邊煮食，還可以順便把隔天的便當準備好。看看這樣一舉數得的晚餐，可以幫她省下多少錢？

在Jennifer賺下少油少鹽的健康同時，還能一個月省下1,500元，一年省下18,000元（相當Jennifer自己半個多月的薪水了）。

五年省下90,000元（九萬塊相當於許多人4個月左右的薪水吶），十年省下180,000元，驚人的十八萬塊！十八萬塊，約莫快要五分之一桶金！

根據以上早餐、午餐、晚餐都自己做之後，可以得出下表格。

流動支出	當月現省	一年省下	五年省下	十年省下
早餐	750	9,000	45,000	90,000
午餐	3,000	36,000	180,000	360,000
晚餐	1,500	18,000	90,000	180,000
小小加總	5,250	63,000	315,000	630,000

每月伙食費，三餐總共省下5,250元，一年省下6,300元，五年省下315,000元，十年省下630,000元。十年下來居然可以省下63萬！63萬等於將近3/5桶金！

　　三餐自己料理，不僅得了健康、肥了荷包，而且還多會了一項相當受歡迎的生活技能喔。

能量撲滿

　　除非實在太愛吃了，否則相同菜色，建議盡量不要連續吃超過兩天喔，容易感到膩是其中一個原因，另外，食物的多樣性也會影響到我們寶貴的健康喔。

改變聚餐習慣，
讓她10年存下21萬！？

朋友相交，貴在真心，不在聚會次數的多寡。

幾乎每個禮拜，Jennifer都會和朋友一起聚餐，挑幾間看起來還不錯的餐廳，大家聚在一起聊天、吃飯，最後再另外點杯酒，讓自己能夠更放鬆的與大家閒聊。

通常這樣一餐吃飯吃下來，700元絕對跑不掉，飯加酒，一整晚聊得昏天暗地，往往不到凌晨一、兩點不會散會。

接著，又是一筆坐計程車回家的費用，這部分的錢，被Jennifer歸類在「零用金」，這部分的花費稍後便會談到。與朋友聚餐是一件非常開心的事，有道是「有朋自遠方來，不亦樂乎」。

只是Jennifer漸漸發現，有時候跟某些朋友相聚時，自己已經越來越有疲累的感覺，甚至在聚會完回家時，有種空洞的無力感。

　　隨著日子一天、一天累積，Jennifer慢慢對許多以前覺得「有趣」的聚會，感到彈性疲乏。偶然間，她在電視上聽見「無意義的應酬」這幾個字時，突然有種恍然大悟的感覺，彷彿內心有個小小的聲音，正在對自己說：「自己其實已經很厭煩參加這種『從不說出真心話』的聚會。」

　　Jennifer從不拒絕朋友之間的相邀，就算月底荷包快見底，也很難對朋友開口說出「我們可不可以挑間比較便宜的餐廳用餐」？

　　再加上，一個月聚餐次數超過4次也是常有的事。對自己荷包負擔頗重這件事，在她拿起這個表格之前，卻從未發覺問題出在哪裡。

　　自從她開始自己做點簡單的餐點後，發現每月的聚餐費，居然比自己每個月的早餐費用還要多，甚至比午餐費還多，費用直逼每個月的晚餐費。

　　Jennifer下定決心，以後每個月的聚餐費要盡量降低到500元以下，次數絕對不能超過2次。也就是每月的八個假日，其中四個假日與朋友聚會，2次聚餐，2次相約唱歌。

存款秘書二號

流動支出	每月支出	後來支出	當月現省	一年省下	五年省下	十年省下
早餐	1,800	1,050	750	9,000	45,000	90,000
午餐	4,500	1,500	3,000	36,000	180,000	360,000
晚餐	4,500	3,000	1,500	18,000	90,000	180,000
聚會大餐	2,800	1,000	1,800	21,600	108,000	216,000
娛樂費（唱歌）	4,000					
治裝、鞋費	3,000					
保養品費用	1,000					
雜用	500					
飲料費	1,500					
零用金	500					

多出來的四個假日，她想把錢拿來「自我投資」——自學並加強自己的英文能力，另外，當天早上還必須到傳統市場買菜。從此，Jennifer在接獲邀請時，都會先自問：「自己是真的想去聚會嗎？」

原以為這不是件容易的事，可能需要幾個月的時間來調節，沒想到下定決心的第一個月，就成功達到自己一個月只聚會兩次額度。

因為和朋友相約從晚餐改成午餐，飯後的那杯酒就沒了，連聊得過晚的計程車資費用，也一併省下！

現在，Jennifer身邊的朋友變得比較少了，卻跟要好的朋友感覺更親密，有時候還會受邀到對方家中聚餐，大玩「每人帶一道拿手菜過來」的親密聚會。

令人感到空虛的聚會減少了，Jennifer現在不僅漸漸踏入自己想要的聚會模式，還賺到許多做菜心得的分享，連英文也慢慢變好中。

這時候的Jennifer常常覺得，自己身邊的所有一切似乎開始慢慢轉向更棒的好氣場！

結果Jennifer每月的聚餐支出費用，改變如下：

原本

流動支出	每天平均支出	每月支出
聚會大餐	700×4次	2,800

後來

流動支出	每天平均支出	每月支出
聚會大餐	500×2次	1,000

Jennifer聚會的次數減少了，和真心相交朋友之間的感情卻偷偷提升了，還能一個月省下1,800元！

一年省下21,600元（相當Jennifer自己半個多月的薪水），五年省下108,000元（十萬多元，相當於可以到歐洲捷克、德國玩一趟囉），十年省下216,000元！

一個聚會習慣的改變，在不知不覺中竟可為自己十年省下二十一萬！？大約是1/5桶金！

 能量撲滿

A. 朋友相交，貴在真心，不在聚會次數的多寡。

B. 別讓害怕寂寞的恐懼吸乾我們的荷包喔！有時候與其和朋友出去吃飯，不如靜待在家中，好好跟自己相處，享受安靜卻貼近自己的一日。

這一站，從「月光族」變成「存下兩桶金的小富婆」

在消費時，如果能稍微停步，多撥弄兩下金算盤，就可以為自己省下不少的COCO喔！

Jennifer以前每到星期六、日，都會出門和朋友聚餐或約唱歌，很少待在家裡，現在的她，同樣也常常出門聚會，不過，方式已經和以前不太相同。

唱歌是件很開心的事，以往Jennifer總是迫不急待星期五晚上便與朋友相約，唱歌時段一向都是所謂的「黃金時段」，光是歡唱費本來就已經不低，大家還會點酒進包廂喝，有了酒，自然不能沒有食物，食物加酒，一個晚上下來，平均一人費用多在1,000元上下。

印象中，有次大家散會時，桌面上還剩下好多罐啤酒，幾個愛喝酒的朋友分著把酒帶回家，不過，大家似乎都沒有注意到，在這裡點的一罐啤酒，是一般市面上的好幾倍。愛唱歌不是罪，**如果可以讓自己更開心，花點錢其實並不為過，但，沒有把錢花在刀口子上，可就自己的疏忽囉！**

Jennifer現在還是常常約朋友一起唱歌，但不再星期五一下班就立刻殺去唱歌，同時還為自己可愛的荷包，訂出以下幾項原則：

第一點：不在最貴的黃金時段唱歌。

第二點：唱歌就不喝酒，要專心好好唱歌，否則就乾脆直接約在小酒館喝酒聊天。這一點的最大原則是－－「在什麼地方，就做什麼事」！

第三點：盡量約在有免費食物可以享用的唱歌場所，避免另外叫餐，無形中增加許多額外費用。

第四點：就算意猶未盡，也盡量不要再追加時數，讓歡樂氣氛在最高點處停止，給彼此期待下次聚會的感覺。

自規定自己從原本一個月大約會固定唱四次歌，縮減為二次後，Jennifer娛樂花費從4,000元，瞬間降到2,000元。

不過，Jennifer發現唱歌不比聚餐，實在很難抗拒朋友每次的邀請，但她已經下定決心「娛樂費一定要縮減到2,000元以下」，正當她內心糾結時，腦袋突然靈光一閃！

　　現在Jennifer平均一星期還是一樣唱四次歌，而且費用都壓在2,000元以下，有時候還可以在唱歌的地方，把自己的早、午餐一次解決掉，當場現省一小筆伙食費的支出，而且餐點還不用自己動手做。

　　她改掉「在晚上黃金時段唱歌」的聚會習慣，改約假日早上唱歌，其實說早上有點言過其實，有的唱歌場所規定12點前進場都算早上費用，有的則是11點，各家規定不同。Jennifer都會搶在規定時間之內進場。有一家是她現在的最愛，通常她會與朋友約10點40分左右碰面，歡唱3小時，約莫2點出來。

　　這時候的她不但開開心心唱了歌，還在它附設的時尚美食區好好飽餐一頓，這樣玩下來，費用居然只在300元左右！？

　　換作以前在黃金時段這樣吃吃唱唱，消費差不多都在1,000左右，當場現省700元！Jennifer現在依然維持每月歡唱四次的習慣，只是稍稍改變了唱歌的習慣與消費，**沒想到也可以省不少、存很大！**

原本

流動支出	每天平均支出	每月支出
娛樂費（唱歌）	1,000×4次	4,000

後來

流動支出	每天平均支出	每月支出
聚會大餐	400×4次	1,600

 存款秘書二號

流動支出	每月支出	後來支出	當月現省	一年省下	五年省下	十年省下
早餐	1,800	1,050	750	9,000	45,000	90,000
午餐	4,500	1,500	3,000	36,000	180,000	360,000
晚餐	4,500	3,000	1,500	18,000	90,000	180,000
聚會大餐	2,800	1,000	1,800	21,600	108,000	216,000
娛樂費（唱歌）	4,000	1,600	2,400	28,800	144,000	288,000
治裝、鞋費	3,000					
保養品費用	1,000					
雜用	500					
飲料費	1,500					
零用金	500					

Jennifer每月的唱歌次數並沒有減少，只是改變了唱歌習慣與消費習慣，沒想到居然能一個月省下2,400元。等於一年省下28,800元！

省下的錢竟然和她現在早餐加午餐的費用差不多。換句話說，Jennifer依然唱她的歌，每月次數不變，省下的錢卻可以支付她現在的「早餐加午餐的費用」。

五年省下144,000元（十四萬多元，相當於一趟歐洲之旅，大約4～5個月左右的薪水），十年省下288,000元！

一個聚會習慣的改變，在不知不覺中，竟可為自己十年省下二十八萬多元，近乎快要二十九萬的數字！？大約是1/4桶金！

流動支出	當月現省	十年省下	當月現省
早餐	9,000	90,000	750
午餐	36,000	360,000	3,000
晚餐	18,000	180,000	1,500
聚會大餐	21,600	216,000	1,800
娛樂費（唱歌）	28,800	288,000	2,400
小小加總	113,400	1,134,000	9,450

　　最可怕的是：這張流動支出的表格尚未寫完，十年後可因此存下的錢已經破百萬了！

　　「三餐、聚會大餐和娛樂唱歌」三個欄位中的「十年省下」相加，得出「1,134,000」這個數字。

　　1,134,000元，一百一十三萬，Jennifer的人生第二桶金，如果排除其他無法掌握的因素，已經可以穩穩存下閃亮亮的一百萬！

　　將「三餐」、「聚會大餐」和「娛樂唱歌費用」調整，不過才五個項目而已，就已經可以算出十年後就能省下一桶金，讓這筆鉅額存進自己的存款簿裡，再運用各種方法錢滾錢，存款數字將會變得越來越大。

 能量撲滿

　　嘴裡唱歌，心情飛揚，還能緊緊守住荷包？在消費時，如果能稍微停步，多撥弄兩下金算盤，就可以為自己省下不少的COCO喔！祝福大家都能成為「快樂消費、精明付帳」的幸福一族！

我要好衣好鞋，
也要省到錢！

「省錢」，不是「不花錢」，而是動動腦筋想想「該
怎麼把錢花在刀口上」！

　　每個月，Jennifer都會特別撥出3,000元，當作買衣服跟
鞋子的費用。一個月3,000元，一年等於有3萬6千元的預算
額度可以使用。

　　雖然Jennifer一路從「固定支出」省到這張「流動支
出」，已經可以善用客觀的數字，輕鬆整頓自己的金錢支
出，而且還順便帶動她越存越有幹勁的迷人氣勢。不過，在
某些事情上的「品質要求」，她是絕對無法讓步的喔。

　　Jennifer希望在一年預算3萬6千元的額度下，依然可以
為自己購買衣版不錯的上衣8件（四件夏季、四件冬季）、
裙子2件（一件夏季、一件冬季）、長褲（冬天穿）與七分
褲（夏天穿）各1件、好鞋3雙。

像在玩「遊戲王」的組合卡片遊戲，就能省下一筆不小的買鞋開銷？

以前花錢買衣服跟鞋子時，都很隨性，但現在的Jennifer除了一樣要買到自己喜歡的東西外，還要撥弄她越來越精明的算盤，動點腦筋，**思考該怎麼在有限的預算下，將這筆預算運用的極致！**

有間鞋店是Jennifer的最愛，裡頭每一款鞋子的外型，並不特別追求時尚感，設計理念是必須穿起來舒服，就算長時間站立，對雙腳的負擔而言，也可以比其他鞋子來得輕鬆許多。換句話說，她是因為這間鞋店的製鞋品質，而長期光臨這間鞋店的！

Jennifer的奶奶，因為年輕不懂照顧雙腳的原故，導致晚年行走困難，一開始必須拄著拐杖，到後來幾乎只能坐輪椅。奶奶常常告訴她：「年輕的時候鞋子要穿好一點，免得腳受傷，衣服穿差了，只是沒那美而已，鞋子穿差了，影響到的可是自己的下半生喔！」Jennifer一直謹記在心。

後來，Jennifer在店裡發現一萬元禮卷：可用8折的錢買到一萬元的禮卷，也就是**花8,000元就可以買下一萬元的禮卷。以後自己過來買的每一雙鞋都是8折。**於是，Jennifer當下決定，該年的鞋子花費就控制在預算8,000元。

購買一萬元禮卷當天（實際花費8,000元），因為單筆消費金額超過一定額度，還當場收到一張很有質感的VIP卡。此卡優惠為：**持卡人生日當月購買任一雙鞋子，一律七折。年消費超過3,000元，即可免費續享會員權益一年。**

　　Jennifer當天買了雙1,500元的鞋子，打完8折後實際價格是1,200元。因為她的生日在5月，日期剛好在母親節附近，以前的月光族Jennifer，購買買母親節與父親節禮物，和兩老的生日禮物，都必須從每年年終獎金挪用出來購買。

　　現在只要耍點小聰明，就可以輕輕鬆鬆將爸媽的所有禮物，編列進自己鞋子預算裡。

　　以下表格，是Jennifer當年的買鞋紀錄，她總共買了七雙好鞋，三雙給自己，四雙給年紀大、比自己更需要穿好鞋的爸媽一人兩雙。

　　根據Jennifer的說法，自己以前雖然也常常光顧這間鞋店，但從來很少注意它的優惠活動，總覺得和自己不太相關。直到她買下禮卷後，才赫然發現這種宛如動畫「遊戲王」的情節，居然可以在現實生活中，真實上演！？

　　首先，她得**先看看自己手中有哪些牌？然後運用一點巧思，做出搭配，可以出牌的張數越多，通常越能將產品的購買金額再壓低。**

以下是她一年購買七雙鞋（自己買三雙，也為父母各添兩雙好鞋），所有金額與「善用折扣」的一覽表。

現在，就讓我們一起看看，Jennifer怎麼用8,000元買來的一萬塊禮卷，在買了七雙鞋後，居然還可以剩下一千多元的「金算盤消費法」吧！

鞋子數	原價	折扣	實際支付	現省
一雙鞋子 （自己的當年 第一雙鞋）	1,500	8折禮卷購買	1,200	300
雙鞋子 （親節禮物）	2,500	1.VIP會員生日當月7折 2.再用「8折禮卷購買」 3. 還另外獲得下次消費才可使用的兩張「滿千300元折扣卷」	1,400	1,100
雙鞋子 （親節禮物）	2,100	1. 使用上次得到的「滿千300元折扣卷」 2.再用「8折禮卷購買」	1,440	660
雙鞋子 （自己的當年第雙鞋）	2,000	1. 使用上次得到「滿千300元折扣卷」 2.再用「8折禮卷購買」	1,360	640
雙鞋子 （馬生日禮物）	1,600	用「8折禮卷購買」	1,280	320
雙鞋子 （自己的當年第雙鞋）	1,400	用「8折禮卷購買」	1,120	280
雙鞋子 （爸生日禮物）	1,400	用「8折禮卷購買」	1,120	280
統 計	12,500		8,920	3,580

換作以往要付出12,500元，如今卻只需要花8,920元，就可以搞定。不曉得大家發現到了沒？如果那原本就是自己想要的鞋子，在折扣最多的時候，添購比較貴的鞋子，往往可以省下更多喔！

不過，切忌因為想要省更多兒買比較貴的東西，凡事要先回歸到「那是我們想要的鞋子」，再等待機會（例如：意外獲得兩張「滿千300元折扣卷」）下手購買。

鞋子的費用無法「刪除」或「購買較便宜」的鞋款，因為那省下來的錢，將來很可能轉嫁到我們雙腳的健康上喔！

不過，雖要注意鞋子的設計構造、通風與否、是否能幫助膝蓋緩衝行走時的作用力與反作用力之外，若價錢太過昂貴，也要多再加以思考後再出手購買喔。

不管如何，在Jennifer大玩「各種優惠重新排列組合」後，不但幫自己買了合適的鞋，一同連父母也關心、照顧進來，這真是一舉多得呐。

衣飾貴不在多，而在「精」！

搞定鞋子，在流行服飾方面，Jennifer夏天前半季，會先穿之前購買的衣服，後半季推出特惠價格時，才會出手購

買。而且她買衣服有一個大重點：專買可以穿很久的衣服！
這類衣服款式**不太會退流行，穿起來質感很好**，只要細心保
存，有些五、六年前的舊衣，現在穿起來依然十分好看。

Jennifer現在大多會搶在過年前的那一波精品特賣會，
才會開始購買冬天服飾，這時候購買常常會有很迷人的折
扣，而且她大多盡量購買黑、白、米色這類「可以永不退流
行」的顏色。

平均一件上衣約在700元左右，褲子約900元左右，
做出以下的購買預算。為了避免自己花掉超出預算的錢，
Jennifer現在買衣服時，絕不帶信用卡過去，只帶剛剛好的
現金出門。

Jennifer原本的治裝消費習慣流動支出

流動支出	每月平均支出
治裝、鞋費	3,000元×12個月 每個月買進大量衣服鞋子，預算都會花完，卻又常常覺得衣服不夠穿。 一年總共花費36,000元。

Jennifer改變治裝消費習慣後流動支出

流動支出	每年平均支出
治裝、鞋費	鞋子×7＝8,000元 上衣700×8＝5,600元 裙子900×2＝1,800元 褲子900×2＝1,800元 一年總共花費17,200元

存款秘書二號

流動支出	每月支出	後來支出	當月現省	一年省下	五年省下	十年省下
早餐	1,800	1,050	750	9,000	45,000	90,
午餐	4,500	1,500	3,000	36,000	180,000	360,
晚餐	4,500	3,000	1,500	18,000	90,000	180,
聚會大餐	2,800	1,000	1,800	21,600	108,000	216,
娛樂費（唱歌）	4,000	1,600	2,400	28,800	144,000	288
治裝、鞋費	3,000（每年三萬六）	17,200（每年）	約1,566	18,800	94,000	188
保養品費用	1,000					
雜用	500					
飲料費	1,500					
零用金	500					

Jennifer自從給自己訂下明確的衣鞋預算後，很少再買到「只穿過一次」或「根本從沒穿過」的衣服，而造成無所謂的浪費。

雖然她每年買衣、買鞋的預算，省下將近快一萬九，但**鞋子品質不變，還能有餘力幫父母添購好鞋，而且還餘下一千多塊的買鞋禮卷**。在衣服方面，件數雖然變少了，但質量卻因為在「對的時間點」購買，以相差不多的價格，購得品質更優的衣服。

總體而言，不但衣鞋的質量總體上升了，還能**每年省下18,800元，五年省下94,000元（將近十分之一桶金！），十年省下188,000元（將近五分之一桶金！）**！

能量撲滿

A.「省錢」，不是「不花錢」，而是動動腦筋想想「該怎麼把錢花在刀口上」！

B. 在消費時，別忘了也幫爸爸媽媽準備一份貼心又實用的小禮物喔，有時候「人多好辦事」，如果是原本就一定會去消費購買的商品，也千萬別忘了跟店員稍微詢問一下，是否有更聰明的消費方法喔。

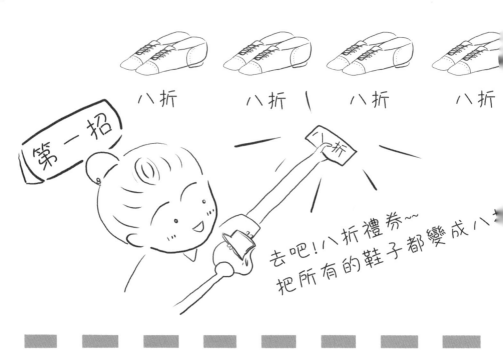

八折　　　八折　　　八折　　　八折

第一招

去吧!八折禮券~~
把所有的鞋子都變成八折

終極必殺技!
折扣再折扣!

第二招
有折扣時再買鞋

八折+七折=只要五六折!

保養這件事，
還是天然的「尚好」

臉部清潔到保養，其實，可以更天然一點、更聰明一點，也更省錢一點！

保養，從清潔開始。

女人的錢有多好賺？看看每一瓶保養品的標價就可以知道，這些東西究竟有多昂貴。

只是那些保養品，又有多少是我們真正需要的呢？光是洗臉，就分成洗臉乳、去角質，清洗完後還要先用柔膚凝露去除老化角質、化妝水、保濕凝膠、乳液……臉部清潔到保養，其實，可以更天然一點、更聰明一點，也更省錢一點！

以下幾個「試用過都說好」的小方案，都一一收集過來，提供大家參考喔！

「試用過都說好」第一招：最愛綠豆粉。

有朋友是敏感性膚質，使用一些去角質產品時，臉部會有些微紅腫的困擾，原先他必不得已使用綠豆粉沾水洗臉，沒想到從此「一用成主顧」。用綠豆粉洗臉，不僅可以將它當做肥皂來使用，還可以順便當成我們的去角質產品喔，成分更天然，也更便宜喔。

「試用過都說好」第二招：面膜自做超好用。

外頭買一片面膜，價格都不便宜，偏偏有時候風吹日曬，皮膚乾燥到像枯井一樣怎麼辦？

別緊張，我們可以事先買好便宜的臉部面膜回家（只有面膜的那塊棉布，不是整張已經浸在精華液中的那種昂貴面膜喔！），成本幾乎不到五塊，然後把我們慣用的化妝水，倒到面膜上，因為是自己慣用的產品，也不怕過敏問題，還可以省下不少的錢錢喔。

「試用過都說好」第三招：乾性皮膚的自製天然面膜。
皮膚乾燥或者經過疲累一天的人，非常適合以下這張面膜喔。這張面膜不需要第二招所說的臉部面膜，只需要半顆蘋果的蘋果泥＋一顆蛋黃＋麵粉攪拌均勻，敷在臉上，是保濕效果非常不錯的面膜喔！

如果想要更滋潤一點，建議可以酌量加進牛奶或蜂蜜，讓效果更加倍。

存款秘書二號：Jennifer改用自製天然保養品後，累積存下的流動支出

流動支出	每月支出	後來支出	當月現省	一年省下	五年省下	十年省下
早餐	1,800	1,050	750	9,000	45,000	90,000
午餐	4,500	1,500	3,000	36,000	180,000	360,000
晚餐	4,500	3,000	1,500	18,000	90,000	180,000
聚會大餐	2,800	1,000	1,800	21,600	108,000	216,000
娛樂費（唱歌）	4,000	1,600	2,400	28,800	144,000	288,000
治裝、鞋費	3,000（每年三萬六）	17,200（每年）	約1,566	18,800	94,000	188,000
保養品費用	1,000	500	500	6,000	30,000	60,000
雜用	500					
飲料費	1,500					
備用金	500					

「試用過都說好」第四招：什麼時候敷面膜效果最好？

一般人大多會習慣洗完澡後，輕輕鬆鬆坐在沙發上時才敷臉，但其實最好的敷面膜時機是在「洗澡中」，運用浴室內的熱氣，讓肌膚把面膜上的晶華通通吸收進去。

如果使用第三招的天然面膜更棒！先洗臉，然後可以敷著蘋果牛奶面膜進去洗澡，等頭髮、身體都洗乾淨時，臉上的面膜也差不多時間可以沖掉囉，清潔、保養同步搞定。

「試用過都說好」第五招：讓蜂蜜徹底滋潤我們的皮膚。

有種天然的東西，不需要加麵粉，可以直接塗在我們臉上，等洗完澡時再沖掉即可擁有超滑嫩的肌膚喔。那樣好東西就是──蜂蜜記得用溫水沖掉後，還要再以冰冰涼涼的冷水沖過一次，這樣皮膚會更加光滑透亮喔。

Jennifer開始更加注重保養品與清潔用品的成分，越天然的成分，越會被她選擇使用。

對身邊的每樣東西多用點心，更加溫柔對待自己的臉部肌膚，讓她每年省下6,000元，五年省下30,000元（大約是台灣到歐洲法蘭克福的來回機票！），十年省下60,000元（六萬塊可以到歐洲荷蘭跟比利時玩一趟囉～～）！

雜用費該怎麼省？
存錢又能愛地球！

建立富者心態和習慣，能將自己帶往更高層次的生活喔！

平常生活細節裡，如果願意多用一分心思來過生活，會發現處處都可以佈滿許多生活小智慧喔。

在這些小小的事情裡，我們省下的不只是錢這樣的東西而已，還可以將自己滿腦子的點子發揮出來，一一套用在生活之中，從中獲得源源不絕的成就感。

第一招超聰明省油法：

平常煎蛋或是炒食物的時候，油總是在鍋子裡呈現出一大灘，感覺很不均勻，建議可以先把食用油裝進類似像香水瓶的瓶子裡，利用其噴霧狀的噴頭。如此一來，等需要用油時，往鍋中一噴，不僅可以平均把油散佈到整個鍋子，也可以省油，又讓自己身體更健康喔。

第二招衣櫥內的防潮盒：

防潮盒到底需不需要買？Jennifer對整理衣物這件事非常重視，不僅穿前要先燙過，也非常注重衣櫥內的防潮。

只是防潮盒是種快速消耗品，常常三個月左右的時間，就需要再換一批，於是有朋友就告訴她一個好辦法——可以利用隨手可得的乾燥劑，放進衣櫥裡，以達到防潮的功能。

重點是必須將乾燥劑每個一段時間便曬曬太陽，如此一來，便可以重複使用喔。

第三招除臭劑vs.芳香劑免費拿：

Jennifer很不喜歡家裡有異味，所以會常常購買除臭劑或芳香劑，對生活開銷來說，是一筆不小的花費。

直到有一天，她到連鎖咖啡店購買咖啡時，赫然發現就在櫃台旁邊，有一大桶咖啡渣，還另外放上貼心的袋子，方便顧客隨意取拿。這下子，Jennifer立刻眼睛為之一亮，拿了一小包回家，分散在家中各各角落與冰箱內除臭，效果非常不錯喔！

第四招發送的面紙總是多到用不完：

上下班途中，路上總是有很多人發送廣告用面紙。以往Jennifer很不喜歡用那些外觀醜醜的面紙，總是另外到大賣

場購買，但是自從她得到廠商贈送的面紙布包後，每次經過有人發送面紙的地方，都會一一收下。

回家後，她會「再製作」，把醜醜的廣告拆掉，將柔軟的衛生紙放進布包裡，如此一來，就算在眾人面前拿出來使用，也完全不會尷尬喔。

第五招一秒鐘一刀剪開牙膏：

牙膏用到最後，請記得可以拿剪刀剪開，裡頭還有許多可以用的牙膏喔，大約還可以再用一個禮拜絕對不成問題，明明是可以用的東西，如果就這樣扔掉，那就太浪費囉。

第六招洗衣粉先倒還是後倒比較省：

答案是──「先倒」。而且不只要先倒，還要讓洗衣機稍微空轉幾下，等裡頭冒出許多泡泡時，再把衣服丟進洗衣機裡清洗，這樣不但能夠節省洗衣粉，還可以把衣服洗得非常乾淨喔！

原理：如同許多電視廣告，衣物上的髒污，主要是依靠泡泡來帶走的，先轉動洗衣機，製造出許多泡泡，可以有助於清潔。

存款秘書二號

流動支出	每月支出	後來支出	當月現省	一年省下	五年省下	十年省下
早餐	1,800	1,050	750	9,000	45,000	90,00
午餐	4,500	1,500	3,000	36,000	180,000	360,00
晚餐	4,500	3,000	1,500	18,000	90,000	180,0
聚會大餐	2,800	1,000	1,800	21,600	108,000	216,0
娛樂費（唱歌）	4,000	1,600	2,400	28,800	144,000	288,0
治裝、鞋費	3,000（每年三萬六）	17,200（每年）	約1,566	18,800	94,000	188,0
保養品費用	1,000	500	500	6,000	30,000	60,
雜用	500	250	250	3,000	15,000	30,0
飲料費	1,500					
零用金	500					

在Jennifer用心過生活的同時，還能一個月順便省下250元，一年省下3,000元，五年省下15,000元，十年省下30,000元，這可是非常重要愛護地球的三萬塊喔！

 能量撲滿 •

如何把香水瓶裡的香水味去除掉？建議可以到一般藥局，買消毒用酒精，倒入空的香水瓶後，像在清洗保特瓶那樣搖晃幾下，再靜待一個小時，接著倒出酒精，徹底清洗乾淨即可使用喔。

超省錢！手作面紙袋！

材料：表布和裡布各一片16×22CM

縫份0.7~1cm

背面朝外喔！

兩塊布正面對正面，短邊縫合

↓

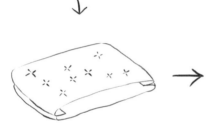

縫完後把布翻回正面！

→

兩邊交疊1公分
免得面紙跑出

兩邊短邊
縫份0.5cm

這樣看似完成了
但看的到縫線會醜醜的
所以我們再把它翻回背面
再縫一次短邊！

↓

縫份0.7cm

再翻回來，大功告成！

完成！

←

這時候我是背面喔！

什麼副業，能一年淨賺 7～8萬？

有什麼副業可以賺這樣的錢，恐怕沒人可以說得準，
但為自己料理三餐跟飲料，就可以省下這些錢。

還記得Jennifer有多愛喝飲料嗎？

她每天早上一定要喝一杯咖啡，大約45元左右，有時候
還會喝更貴得好好享受一下。過了中午以後，從外頭用完午
餐回辦公室，Jennifer還會在外頭順便買一杯甜甜的冷飲，
再進公司。

一天下來，一杯咖啡加上一杯飲料，大約會花掉她75銀
兩，有時候飲料喝得比較花俏一點（加了一堆有的沒的），
還會爆出這個數字。

但自從Jennifer開始三餐自己來以後，連飲料部分也開始慢慢自己動手做，而且兼顧健康跟美味喔！

飲料自己做，健康滿分又能存下錢！

製作飲料超簡單五大招：

第一招：滋補紅棗茶。

到中藥店買一包紅棗回家，洗乾淨，用兩手大拇指與食指稍微剝開，以利熬煮，然後放進鍋子裡，加水，整鍋放到電鍋裡，外鍋倒進一碗水，按下電鍋外的按鈕，接下來就是電鍋的事。等電鍋「跳起來」，冷卻，裝瓶後放進冰箱，隔天就是一杯「天然甜」的超滋養身體冰飲喔！

第二招：喝茶，讓身體零負擔。

買一盒自己喜歡的茶葉，放進自己辦公室座位的抽屜裡，每當早上一來，吃完早餐後，就來上一杯茶吧。建議可以先用熱水沖泡，如果覺得太燙不好入口，就一半熱水一半溫水，或一半熱水一半冰水，蓋上杯蓋，等個一會兒就可以喝茶囉。

第三招：仙草是盛暑最佳飲品。

這是Jennifer開始到傳統市場買菜後，發現的超級「星品」！通常一大塊仙草只要30元，兩塊50元。她總會一口

氣買兩塊，再請老闆娘用專門工具當場切成無數小塊。回家後，把仙草倒進大鍋子裡（通常兩塊就可以滿滿一大鍋，至少可以喝上十杯不只）。

燒點熱水，把糖丟進去，等糖都化開後，待涼，一口氣通通倒入大鍋子裡，然後再加點冰水稀釋，濃度依照個人喜好。接著，可以自己分成數杯，放在冰箱裡，一天一杯帶去公司享用，別人一杯仙草冰飲要價30元以上，Jennifer手中的只要5元不到！

第四招：愛玉最能消退暑氣。

和仙草做法一樣，價錢也差不多，可是愛玉平均來說會小塊很多，大約只能做個5～6杯左右。

第五招：冰冰涼涼又能增加為他命C的檸檬水。

公司裡頭都有冰水可以供員工取用，如果喝不慣白開水，建議可以切幾片檸檬放入自己杯中，只要沖入冰水，一杯冰冰涼涼的檸檬水，就這樣神奇地完成囉！檸檬切片時間——30秒鐘。

第六招：紅棗茶加枸杞。

步驟跟第一招相同，把紅棗茶跟枸杞洗一洗，放進鍋子裡，加水，整鍋放到電鍋裡，外鍋倒進一碗水，按下電鍋外的按鈕，接下來，還是電鍋的事，它忙它的，我們已經可以

走開去做別的事。等電鍋「跳起來」，冷卻裝瓶後放進冰箱，隔天就是一杯「天然甜又顧眼睛」的冷飲喔！

紅棗跟枸杞味甜又滋補，能夠安神養血，照顧眼睛與內臟，還可以抗癌、補氣養生、對於需要專注工作與常常說話的人，有很大的幫助。

第七招：「白開水」是全世界公認最棒的飲品！

後來，Jennifer每天的飲料支出費用，改變如下：

原本

流動支出	每天平均支出	每月支出
飲料費	75元×上班天數20天	1,500

後來

流動支出	每天平均支出	每月支出
飲料費	10次×上班天數約20天	200

在Jennifer找到許多形形色色代替原本飲料的同時，還能一個月順便省下1,300元（幾乎比一個月的早餐錢還要多！），一年省下15,600元（改變一個飲料習慣，一年居

然可以省下一趟香港旅遊行），五年省下78,000元，十年省下156,000元。這簡直叫人有些難以置信，Jennifer不過換了個更健康的方是喝飲料，十年居然可以因此存下十五萬元！

 ## 存款秘書二號

流動支出	每月支出	後來支出	當月現省	一年省下	五年省下	十年省下
早餐	1,800	1,050	750	9,000	45,000	90,000
午餐	4,500	1,500	3,000	36,000	180,000	360,000
晚餐	4,500	3,000	1,500	18,000	90,000	180,000
聚會大餐	2,800	1,000	1,800	21,600	108,000	216,000
娛樂費（唱歌）	4,000	1,600	2,400	28,800	144,000	288,000
服裝、鞋費	3,000（每年三萬六）	17,200（每年）	約1566	18,800	94,000	188,000
保養品費用	1,000	500	500	6,000	30,000	60,000
雜用	500	250	250	3,000	15,000	30,000
飲料費	1,500	200	1,300	15,600	78,000	156,000
零用金	500					

最恐怖的是——光是三餐加飲料的費用，十年後居然可以省下78萬塊的錢。如果換個想法，我們只是換個方式吃飯跟喝飲料，在拿下健康同時，還賺到78萬！

試問，現在有什麼副業，可以一年淨賺個7～8萬的？

有什麼副業可以賺這樣的錢，恐怕沒人可以說得準，但為自己料理三餐跟飲料，就可以省下這些錢，通通存進銀行裡，天底下還有比這個更棒的副業嗎？

 能量撲滿

A. 外頭現成的飲料雖然很好喝，但如果可以兼顧健康、營養、省錢，為什麼不自己試著做做看呢？做飲料一點也不油膩，往往還有一種小時候在做勞作的可愛童趣喔。

B. 咖啡因很難戒，如果沒有辦法完全不喝，那就用「漸進式」的方法慢慢吧！不要一下子就完全不准自己喝，而是從「一星期只能喝3杯」，到「一星期只能喝2杯」、「一星期只能喝1杯」，最後才是完全不喝。

自製健康仙草飲！

一塊自己喜歡的仙草
(挑大一點的喔!)

滑嫩

嫩

老闆一格一格的鐵網
一下子就把仙草切好了!

"抖"

一點糖 + 加點水 + 檸檬 +

=

回到家用大鍋子
把仙草裝起來

省錢又健康的
仙草飲完成!
想多喝一點也沒問題!

不用額外花心思，
就能直接省下來的支出

抓住省錢的竅門，接下來就跟投資一樣，只要累積一定的經驗值，執行這些事情時，只會越來越得心應手！

似乎很多人都會在包包裡，額外放上一筆「零用金」，這筆錢，用意不明，'常常是擔心某些突發狀況發生時，可以拿來加減救一下急的。

承如上頭所述，Jennifer的零用金幾乎都花在計程車費上，也就是跟朋友聚餐或唱歌太晚時，可以拿出來坐計程車的費用。

以前，Jennifer在這部分的開銷，也常常超過500元，不過，自從她改變聚餐習慣與唱歌時段後，這部分的金額馬上全省，立刻存進存款簿中！

存款秘書二號

流動支出	每月支出	後來支出	當月現省	一年省下	五年省下	十年省下
早餐	1,800	1,050	750	9,000	45,000	90,000
午餐	4,500	1,500	3,000	36,000	180,000	360,000
晚餐	4,500	3,000	1,500	18,000	90,000	180,000
聚會大餐	2,800	1,000	1,800	21,600	108,000	216,000
樂費（唱一次）	4,000	1,600	2,400	28,800	144,000	288,000
裝、往費	3,000（每年三萬六）	17,200（每年）	約1,566	18,800	94,000	188,000
養品費用	1,000	500	500	6,000	30,000	60,000
費用	500	250	250	3,000	15,000	30,000
料費	1,500	200	1,300	15,600	78,000	156,000
用金	500	0	500	6,000	30,000	60,000

自從Jennifer開始改變自己與朋友之間的聚餐習慣後，不僅僅只是省下餐費，連帶「隱藏性支出——計程車費」也一併省下來。

　　她只是做了一次改變，就在不知不覺中，輕鬆省下這筆「隱藏性支出」，讓自己每年省下6,000元（約一個月的伙食費），五年省下30,000元（大約是台灣到歐洲法蘭克福的來回機票！），十年省下60,000元（幾乎快省下一整年的三餐伙食費）！

 ## 存款秘書二號

流動支出	每月支出	後來支出	當月現省	一年省下	五年省下	十年省下
早餐	1,800	1,050	750	9,000	45,000	90,
午餐	4,500	1,500	3,000	36,000	180,000	360,
晚餐	4,500	3,000	1,500	18,000	90,000	180,
聚會大餐	2,800	1,000	1,800	21,600	108,000	216,
娛樂費（唱歌）	4,000	1,600	2,400	28,800	144,000	288
治裝、鞋費	3,000（每年三萬六）	17,200（每年）	約1,566	18,800	94,000	188
保養品費用	1,000	500	500	6,000	30,000	60
雜用	500	250	250	3,000	15,000	30
飲料費	1,500	200	1,300	15,600	78,000	156
零用金	500	0	500	6,000	30,000	60
每月流動支出總和	24,100	10,534	13,566	162,800	814,000	1,628

從以上表格，我們可以知道以下幾件事情：

第一點：Jennifer原本每月「流動支出」要花掉24,100元，現在變成10,534元，每月可以節省下13,566元開銷！

第二點：一年可以省下162,800元。Jennifer從一個「不斷惡性循環的月光族」，變成每月光是「流動支出」就可以存下13,566元，一年可以存下162,800元，相當於十六萬多塊存款的存款人。

第三點：最可怕的是，如果假設Jennifer不再發現其他省錢祕方（但她現在已經開始對「如何更省錢」這件事，挖掘出前所未有的超級熱情！），就這樣繼續工作與傻傻存錢下去，五年後就可以存下814,000元，八十一萬！已經又快要逼近一桶金的數字！

而她甚至還沒開始搞個副業、兼差，或是把銀行利息算進來，就已經有這個數字。重點是我們都知道，嚐到甜頭的Jennifer，往後的日子將會不斷、不斷存下更多錢！

因為她已經緊緊抓住省錢的竅門，接下來就跟投資一樣，只要累積一定的經驗值，執行這些事情時，只會越來越得心應手！

第四點：最、最、最可怕的終極數字終於來了！

十年後的存款數字，以驚人的長度、加上兩個逗點以免我們眼花撩亂，十年後的Jennifer，光是「流動支出」省下來的錢，就已經高達1,628,000元，也就是一百六十二萬多元！

第五點：Jennifer到底有多縮衣節食才能在短短十年內，光是在「流動支出」這張表格上，就輕鬆存下超過1.5桶金？

答案：請看下表分析。

事項	付出心力
三餐加飲料自己做	假日花2小時左右，跑趟傳統市場，回來後處理約半天時間。
聚會大餐縮減成兩次	只和真心相交的朋友相聚，而且感覺更親密。
歌照唱，次數不變，只是改變唱歌時間	她只是變得更享受唱歌這件事，至少在她high歌時，沒人煩她要喝酒。
衣服、鞋子、保養品	花了一點時間彙整手邊所有折扣資源，然後就像打牌一樣，讓購物消費變成一場「自己穩贏」的聰明牌局。

雜用	順手做一些不太花時間的聰明小事情。
零用金	什麼都沒做，聚餐習慣改變，這條就自己省下來囉！

第六點：現在，我們還在等什麼？還不快啟動「存款秘書一號」與「存款秘書二號」，快點來幫我們把「不該花的錢錢」通通存下來！

最後，讓我們保留一點小小的可愛問號：目前開銷已經從四萬多塊降低為二萬多塊的Jennifer，往後的日子她還能怎麼「又省又不失去生活質感」呢？

 能量撲滿

在上、下冊裡，Jennifer最後依靠「存款秘書一號」與「存款秘書二號」究竟能存下多少錢？兩張大表格的合體大分析，請見part4「笑笑存下的超驚效果」！

每天一步步
　　輕鬆優雅往前邁進！

定期
定額

聰明
理財

聰明
消費

儲蓄

Part 3

就算22K，每月也能從「流動支出」存到錢

當我們把薪水分類越細時，越容易有效控管金錢資源，
但也別分類太細到自己無法控制的底線喔。

22K的另一半

> 如果沒有辦法克制購買欲，也就是沒有辦法「不買」，那麼應該給自己設計一條規則。

在上冊中，我們提到月薪只領22K的Rebecca，自己在外租屋生活，每天早上以一塊可口蛋糕拉開一天的序幕。

這樣的生活讓Rebecca成為標準的月光族，但現在她擺脫掉月光族封號，月薪22K每個月居然還能存下4,000元以上！令許多月領三萬多塊卻是月光族的朋友，忍不住向她請教存錢之道。

為了更加有效控管、運用所有收入，Rebecca大刀一劈，直接將22K拆解成兩個11K，一半分給每個月的「固定支出」，另一半分給每個月的「流動支出」。

把22K拆解成兩個11K最大好處就是——能更加靈活運用兩筆費用，因為一旦將收入剖半來看，往後Rebecca只需

要看看自己在「固定支出」中的11K，是否獲得妥善運用，再看看「流動支出」中的11K，是否獲得妥善運用即可，而非每個月的22K是否運用得當。

把月收入拆成比較小的單位，例如：把22K對分成11K，能夠輕鬆幫助我們檢視自己的用度。請試想以下兩種狀況，哪一個是我們比較容易掌控的呢？

情況一：一位手中拿著22張千元大鈔，想著該怎麼在所有支出費用中度過一個月的人。

情況二：一位手中拿著11張千元大鈔，想著該怎麼好好把這筆錢分配在「流動支出」，接著再拿出另一份11張千元大鈔，想著該怎麼好好把這筆錢分配在「固定支出」。

我們支配薪水，其實跟公司管理員工有點類似。當公司部門分類越細時，越容易有效控管人力資源；當我們把薪水分類越細時，越容易有效控管金錢資源。

Rebecca的每月「流動支出」開銷

自從決定要好好運用自己每月的收入後，Rebecca搬出「流動支出表格」，花五分鐘時間，把一個月的流動支出逐項填寫完畢。例如：一天早餐約60元×30天＝1,800元。

一天午餐約100元×30天＝3,000元。以此類推。五分鐘後，得出以下列表。

流動支出	Rebecca每月支出	我的每月支出
早餐	1,800	
午餐	3,000	
晚餐	2,400	
聚會大餐	2,400	
娛樂費	2,000	
治裝、鞋費	1,000	
保養品費用	500	
雜用	200	
飲料費	700	
零用金	500	
每月流動支出總和	14,500	
每月一半薪水	11,000	
結果	超支3,500元！	

　　經過加總後，Rebecca馬上發現自己之所以是月光族的癥結點，就在於每月的流動支出應該壓在11K以下，而她卻花掉14,500元，足足多花掉3,500元，自己的財務狀況根本入不敷出，更別提能夠存下錢。

　　另外，Rebecca還赫然發現一件很重要的事，在這14,500元裡，居然有一萬塊左右的錢都不知不覺花在飲食上！

　　看著自己手中的「流動支出表格」，Rebecca冷汗涔涔，但她心中已經明確知道一件事：**自己的飲食費用──應該要好好瘦身了。**

流動支出	Rebecca每月支出
早餐	1,800
午餐	3,000
晚餐	2,400
聚會大餐	2,400
飲料費	700
每月流動支出總和	10,300
每月一半薪水	11,000
結果	幾乎快吃掉、喝掉所有流動支出！

Rebecca把薪水都吃掉了？！

別讓每月超額的「飲食費用」，吃掉我們的美好人生。

上冊「省小錢輕鬆存下100萬」中，我們已經先逐項看過所有「固定支出」項目，在下冊「流動支出」中，Rebecca首先把目光放到「早餐」這個項目上，所謂「一日之計在於晨」，Rebecca對自己每天的早餐品質非常重視。

根據相關學術研究指出，有吃早餐的兒童學習力，比沒有吃早餐的學童還要好。Rebecca則是一天沒吃早餐，工作品質就會大打折扣，所以她每天一定都會吃早餐，而且衷心能期盼天天吃到自己最喜歡吃的東西。

Rebecca很喜歡吃蛋糕，對她而言，一天的開始，由一塊美味的蛋糕拉開序幕，是一件很棒的事情，只是蛋糕一

般售價大約在60元左右，平均一個月下來，早餐費用約在1,800元左右。

填完流動支出表格後，Rebecca開始思考有沒有減少早餐費用的可能？她想過買便宜的蛋糕，或者吃單價相對便宜的三明治，但她實在不願意降低蛋糕品質，也不願意捨棄蛋糕、擁抱三明治，為了這件事她苦惱了很久。

湊巧，正當她困在這個問題裡時，新聞開始大量報導食安問題，Rebecca腦中馬上靈光一閃，想到一個解決問題的好方法──自己動手做！

以下就是Rebecca最愛橙香派的秘方，只需要在假日花3～4小時邊看電視邊做蛋糕，其中一小時是把半成品放到冰箱內等待一小時，所以實際操作時間在約為2小時左右。

製作過程其實非常簡單，以下為Rebecca提供，希望能讓大家一次就做成功的超詳細製作過程，跟大家一起分享！另外還有插畫協助，希望可以讓大家更清楚了解所有製作過程，以及輕鬆掌握應該注意的小地方，以利做出超好吃蛋糕。

美味早餐蛋糕秘方大公開！

 橙絲蘋果派

蘋果派材料：雞蛋一顆、無鹽奶油150克、低筋麵粉300克、白砂糖120克、發粉8克、柳橙皮1～1.5顆量（喜歡柳橙香的人可以多放0.5顆）、中型蘋果3顆。

橙絲醬材料：中筋麵粉40克、鮮奶500cc、蛋黃3個、砂糖20克、柳橙皮1～1.5顆量（喜歡柳橙香的人可以多放0.5顆）。

需要的用具：烤箱、烤盤、秤子、兩個盆、一般打蛋器、量杯、切刀、刨絲器、保鮮膜、飯勺

需花費時間：3小時

做法：
準備兩個盆子，一個用來拌派皮麵糰、一個用來煮橙絲醬（要可以放到瓦斯爐上的那種喔！其實就是一般煮湯的鍋子就可以了。）

先量出150克奶油，並將之切成三、四個小塊，切完後放到冷凍庫冰鎮一下（冰之前，可以用奶油先在烤盤上抹一

層奶油，之後蘋果派完成、脫離烤盤時比較不會黏住！另外秤奶油的時候，可以先在秤子上舖一層保鮮膜，以防弄髒秤子，量完後也可以直接將奶油打包放到冷凍）

一次性的將材料通通量進兩個盆子吧！派皮盆放入：麵粉、糖、發粉、橙皮。橙絲醬盆放入：糖、麵粉、橙皮。

以上材料量完後，用飯勺輕輕的將麵粉、糖、橙皮等材料拌勻。

把奶油從冷凍庫取出，慢慢的把奶油一塊、一塊的「搓」進派皮盆的麵粉裡，要是感覺奶油有點黏手，手上就多沾點麵粉，把奶油包覆起來就很容易把奶油搓掉囉！（這個步驟最耗時間，不過卻也是決定派皮是否可以成功的關鍵，請大家一邊閒話家常，或是一邊看有趣的電視節目一邊做吧！）

把奶油全搓進麵粉裡後，別忘了再細細的檢查整個盆子裡的奶油塊，是否都搓開，和麵粉結合在一起，變成有點像椰子粉一樣，一絲一絲的粉末！

在麵粉中打入一顆全蛋，先用飯勺拌一下，等大部分的蛋液被麵粉吸收後，再用手揉，比較不會黏手。

將揉好的麵糰舖在烤盤上，厚度約1公分，邊邊可以稍微翹起。用袋子或保鮮膜包好，放到冰箱冷藏一小時。

蘋果削皮、切片備用。想要蘋果看起來白白的話，切的過程可以準備一盆鹽水，一邊切一邊讓蘋果泡一下鹽水，就可以維持「白泡泡、幼棉棉」的外觀。

放三個蛋黃到橙絲醬盆裡，用飯勺拌勻。

加入鮮奶，這時候可以換一般的打蛋器，會比較好拌勻。鮮奶先倒三分之一，拌勻之後，再分兩次倒入拌勻。

醬大約會煮10～15分鐘，所以在麵糰進入冰箱45～50分左右時，就可以開始煮醬。

用小火煮，一邊煮一邊攪拌。注意：攪拌的速度要快一點，而且不能停，並且注意鍋子的外圈、中心都要攪拌到，否則鍋底非常容易燒焦。

煮約10～15分鐘，醬汁會開始變的像濃湯一樣，愈來愈濃稠，這時候攪拌速度要更快一點，偶爾停下來看一下煮開了沒（煮開的話，表面會冒泡泡），看到冒泡之後，再煮兩分鐘，就可以關火完成囉！

把派皮從冰箱內拿出來，將醬倒在皮上，舖上蘋果，進入180度烤箱，上下火全開，烤30分鐘便大功告成嘍！

派烤好後，建議放涼後，用大刀切比較好切；另外舖在頂層的蘋果可放可不放，不放的話，上面的醬會膨脹起來，要注意烤到最後5～10分鐘時，不想讓表皮焦掉的話，這時候可以將上火關掉，只用下火即可。

橙香派作法步驟:

1. 先將材料量入兩個盆中

低筋麵粉

搓~搓~

醬盆

派盆

2. 把冰冰的奶油搓入派盆的粉中

用大姆指的力量

嘿咻~

派盆

要有耐心喔!

3. 打一顆全蛋在中間

拌的方向由外向內

變成神奇的麵糰了!

有個凹度

用手慢慢壓平

4. 包在袋中,送入冰箱冰一個小時!

5.醬盆打入三個
　「蛋黃」，用
　飯勺拌！

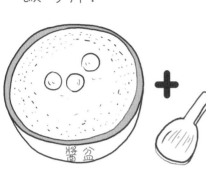

6.分次倒入牛奶，這時
　改用打蛋器拌，較好
　拌勻！

7.用小火慢煮，一邊煮一邊攪拌，速度要快
　，盆中間、外圍都要記得拌到，否則很容
　易燒焦。

快速旋轉

鍋底中間和
鍋底外圍，
是容易燒焦
的部分！

8.將醬倒入派中

9.送進烤箱30分鐘...

大功告成！

超便宜貴族式早餐

橙香派冷卻後，Rebecca會把派切成10塊左右，每天早上上班前拿一塊，作為自己的早餐，因為材料很札實，往往吃下一塊就很有飽足感，更棒的是還非常美味。

以下是製作橙香派的大概費用，材料可以到烘培坊購買，價格可能略有不同，可以依個人喜歡的材料品牌挑選。一塊橙香派的成本約在20元左右，不僅兼顧了美味和健康，還為荷包省下不少錢，讓這些錢成為閃亮亮存款的一部分。

Rebecca以前每月的早餐費用約在1,800元左右，後來因為自己做蛋糕吃，每月費用固定在600元左右，不僅替自己存到錢，還賺到製作蛋糕時的樂趣，以及成品完成時的喜悅感，無價！

流動支出	每月支出	後來支出
早餐	1,800	600

流動支出	每月支出	後來支出	當月現省	一年省下	五年省下	十年省下
早餐	1,800	600	12,00	14,400	72,000	144,000

　　自從愛上自己做早餐後，Rebecca每天早上並不用特別花時間製作早餐，還可以省下以前排隊買早餐的時間，讓上班過程更順、更快、更有效率！

　　最棒的是假日花個短短幾個小時的時間，每月早餐花費直接現省1,200元，一年省下一萬四千元，整整是自己半個月薪水。

　　最驚人的是十年後，Rebecca天天吃著自己的蛋糕早餐，居然同時在「無感」狀態下，不知不覺存十四萬！

 能量撲滿

　　　自己動手做，存下「薪水」的同時，
　　　也一起存下「健康」！

一舉三得的超優計劃

讓操作簡單的「晚餐改變計劃」，肥了我們的荷包，一腳踢開煩人的體重控制與小小的便秘問題，成為一舉三得的超優計劃吧！

Rebecca中午在外用餐，價格大約在70～100元左右，這裡大約取個100元作為計算，以30天計算，一個月中餐費用大約吃掉3,000元左右。

Rebecca雖然曾認真考慮是否自己作菜帶便當，但考慮到便利性的問題，最後決定維持中餐外食的習慣，把「流動支出」的瘦身目光轉向每天的晚餐。

下了班，Rebecca習慣買點路邊的小吃回家享用，有時候是一袋滷味加飲料，有時候則是雞排加幾樣小東西，每次平均費用約在80元左右，大略算下來每月晚餐費用大約在2,400元。

自從決定要好好存下珍貴的每一塊錢，Rebecca開始觀察自己的晚餐習慣，在購買晚餐時，因為想著「努力工作了

一整天，想要好好犒賞自己」，便會在沒有意識的情況下，多買了好多東西。

但是自己下班回到家時，通常已經晚上8點以後，為了有效控制體重，很多時候會特意節制，晚餐常常沒吃完就丟掉，不僅浪費了食物，也浪費辛苦賺來的薪水。

發現自己購買晚餐的習慣後，Rebecca之後購買晚餐，都會特別留意「食物份量」，不再購買過多食物，或者是根本不希望自己吃進這麼多的食物量。

Rebecca除了開始注意購買晚餐的份量之外，還注意到飲食是否均衡？因為中餐已經外食，如果沒有聚會，晚餐其實是可以在家享用的。她發覺在外用餐雖然方便又美味，可是蔬菜量似乎總是不夠。

為了吃進每天需要的蔬菜量，Rebecca決定在家煮晚餐，有時候是一小鍋冬粉蔬菜湯，有時候則是青菜配炸醬麵。冬粉蔬菜湯作法很簡單，只要水滾，先丟冬粉，再丟入洗淨的青菜，最後加點鹽巴就可以。

青菜配炸醬麵的作法也很簡單，同一鍋熱水，先把青菜燙熟，撈起，加入鹽巴調味，再丟入麵條，煮熟，撈起，拌入好吃的芝麻醬，一切就大功告成。

後來，Rebecca晚餐費用從原本的80元，降為50元，每月的晚餐開銷也從2,400元，降為1,500元。

流動支出	每月支出	後來支出	結果
午餐	3,000	3,000	維持不變
晚餐	2,400	1,500	開始注意晚餐「購買份量」，以及「自己動手煮」簡單的晚餐。

午餐維持不變，晚餐開始注意「購買份量」以及「自己動手做晚餐」，Rebecca發現自己每月可以省下900元，一年就可以為自己多存下一萬塊左右的存款，相當於半個月左右的薪水。

更棒的是，Rebecca晚餐上的小調整，不僅讓她一年多存下一萬塊左右，十年多存下十萬塊存款，還順帶讓她營養更為均衡，身材更加漂亮，就連長期困擾她的小小便秘問題，也都輕鬆搞定、一次解決！

流動支出	每月支出	後來支出	當月現省	一年省下	五年省下	十年省下
午餐	3,000	3,000	0	0	0	0
晚餐	2,400	1,500	900	10,800	54,000	108,000

降低聚會成本，
拉近彼此距離

面對「浪費」時，請用力使勁揮下手中的大刀，痛痛快快把「浪費」徹底從我們生活中切除吧。

平均每個禮拜會有一次朋友相約的聚餐活動，大家輪流挑餐廳，幾乎每一次都會在不同的餐廳用餐，每次平均費用在600元左右，只是看似公平的聚會，常常會出現「某某挑的餐廳好難吃」，或者是「某某挑的餐廳好貴喔，根本沒有這個價值」。

以下是Rebecca以前跟現在聚會的支出費用，以前平均每個禮拜聚會一次，總花費約在2400元，**現在她依然平均每個禮拜聚會一次，但總花費卻可以銳減為400元。**

有什麼方法可以降低聚會成本之外，還能讓朋友們之間的感情變得更加緊密，使得聚會充滿討論話題、不冷場，卻又能避免掉上述的抱怨呢？

流動支出	每月支出	後來支出
聚會大餐	2,400	400

一人一道菜的聚會魅力！

　　每個人對美味餐廳的定義都不一樣，有的人只看美不美味，有時候一餐法國菜吃下來，價格破千是很稀鬆平常的事，有的人進餐廳吃美食，不僅要看食物品質，也會抬出價格一起比較，力求物美價廉才是真正的王道。

　　在這一來一往之間，有時候不免在朋友之間留下小小的摩擦，實在很不值得，後來Rebecca向身邊的朋友們建議，我們何不學學外國人，聚會時一人帶一道菜來，畢竟**朋友聚會時「彼此的交流」重於「嘴裡吃進了什麼」**。

　　自從「一人一道菜」的方案開張以來，朋友們之間的齟齬消失了，每次大家都會端出自己最喜歡的一道菜，例如：這是我每天下班最喜歡吃的餛飩湯，不管工作的再累，只要來上一碗就會覺得很幸福，帶來跟大家分享一下。

　　突然之間，我們發現自己又更了解朋友一點，心中忍不住發出「啊，原來她下班後最愛來上這一碗餛飩湯呐」。在

這一刻，這碗餛飩湯再也不僅僅只是一碗餛飩湯，而是我們透過一碗湯的熱度與美味，真實體驗朋友平日感受與小小的幸福。Rebecca發現因為這樣的聚會模式，不僅自己的廚藝能獲得小小的進步，連帶還荷包省很大！

原本每個月花掉的聚會餐費約在兩千元左右，採用「一人一道菜」聚會法後，聚會餐費居然可以控制在400左右，等於每個月可以省下整整兩千塊，一年等於省下兩萬四千元整，比她一個月薪水還要多！

更驚人的是，五年可以因此存下十幾萬，十年就可以存下二十四萬！幾乎快要逼近四分之一桶金，相當驚人。

流動支出	每月支出	後來支出	當月現省	一年省下	五年省下	十年省下
聚會大餐	2,400	400	2,000	24,000	120,000	240,000

能量撲滿

越來越多人採用「一人一道菜的聚會模式」，不僅能避掉許多小抱怨，還能讓朋友們之間的感情更加緊密。

一人一道菜，感情不會散！

「娛樂」也會帶來壓力

> 雖說工作賺錢有一部分目的是為了生活快樂，可是月光族的「零存款生活」，已經讓她慢慢感受到壓力。

　　Rebecca喜歡跟朋友一起去喝點小酒、偶爾唱歌，為生活帶來一點小娛樂，每次消費大約在500元左右，一個月的娛樂費平均在2,000元上下，有時候興致一來多喝兩杯，當月的娛樂費用就會暴增。

　　自從開始寫「流動支出」後，Rebecca發現每月娛樂費花掉2,000元，幾乎佔掉11K中快要五分之一，雖說工作賺錢有一部分目的是為了生活快樂，可是月光族的零存款生活，已經讓她慢慢感受到壓力。

　　當娛樂時帶來的不只是單純的快樂，而是壓力跟反省，Rebecca自己算了一下，決定把每個月的娛樂費調降為600元，如此一來，**每月可以現省1,400元**，一年可以省下一萬六左右的支出，十年就是十六萬，相當於她現在七個多月的薪水！

雖然娛樂費被刪減了，但Rebecca還是盡量參與娛樂活動，只是現在他會挑選相對便宜的時間唱歌，或是盡量選在價格比較便宜的時候，才會到這些娛樂場所消費。

　　對Rebecca來說，娛樂最主要目的，就是為了能和朋友一起同樂，至於什麼時間點似乎並不是那麼重要。

流動支出	每月支出	後來支出	當月現省	一年省下	五年省下	十年省下
娛樂費	2,000	600	1,400	16,800	84,000	168,000

能量撲滿

　　花錢有理，快樂無罪！
　　不管是省錢還是存錢，如果可以在消費跟儲蓄之間，取得最完美的平衡點就是最棒的事。

長達半年，
不需要買保養品

把平常慣用的保養品和免費的試用品，一起交叉使用，還能輕鬆為自己省下一小筆費用。

Rebecca喜歡適度的打扮自己，規定每個月可以有一千元的額度，來添購新裝或新鞋。每月一千元的預算，一年大約是一萬二的左右的支出。

對她來說，一年的治裝費花掉半個月左右的薪水，其實是可以接受的，所以並沒有打算刪砍這部分的費用。

只是她購買衣鞋的政策有了大轉彎，以前買衣服的模式都是突然想到便上網購買，現在則會「有需要」才購買，有時候連續兩個月沒有添購新衣鞋，就會把錢都集中到第三個月，一次購買一件質感較好的東西。

買品質好又耐用的衣物，不管在洗滌或收納，Rebecca都非常珍惜使用，有時一件緞面長褲可以穿個五年不成問題，平均每次穿這件褲子所支付的費用，其實相當低。

雖然Rebecca每月治裝、買鞋費用一樣，但整體品質正慢慢提升，又因為衣物好又耐用，使用的時間延長，需要再添購的時機點又往後挪移，如此不斷良性循環。

後來她曾經創下長達四個月沒有買衣物的需要，然後在冬天換季時，用四千元買到一件非常漂亮的寒冬大衣，之後連續好幾個冬天，Rebecca幾乎天天穿著這件大衣出門，既保暖又漂亮，重點是還可以穿很久。

Rebecca不想省治裝費，於是便把腦筋動到「如何省保養品」上頭。這個問題一直放在她心中，想了很久，都沒有令自己滿意的方法出現，直到有一天，答案親自來找上她。

話說有天Rebecca照常上班，途中有人正在發送試用品，本來她沒有放在心上，畢竟這種事常常在現實生活中上演。問題就出在她拿著試用品，走進公司、坐到自己座位上，打開抽屜，正要把試用品丟入時，渾身猛然一僵。

抽屜裡不知不覺躺了好幾包保養品試用包，Rebecca拿出一一細看，赫然驚覺不少保養品試用包都是很不錯的牌

子，自己卻常常隨手一扔，在年終清理抽屜時，因為過期或其他因素丟掉。

當下，Rebecca猛然被一個念頭打中。

如果自己拼命收集這些保養品試用包，究竟能夠維持多久不用購買保養品呢？從這一刻起，她發現保養品試用包不只路上會發，網路上的行銷跟贈送更是多到令人目不暇給。

Rebecca先挑最不費力氣的方法，取得保養品試用包，這部分的操作模式，大多只要上網填個資料，東西就會直接寄到家裡或公司，相當方便，而且幾乎不費什麼力氣跟時間。

先把容易收集到的先收集，下一步，Rebecca開始上網填問卷，列印兌換卷，把這些兌換卷集中起來，跑一趟百貨公司，就可以把保養品試用包收集到手。Rebecca最高紀錄曾經高達半年不需要購買保養品，之後則依照自己的試用心得，選擇最喜歡的那幾款購買。

後來，她學會把平常慣用的保養品和免費的試用品，一起交叉使用，不僅常常有新鮮感，還能輕鬆為自己省下一小筆費用。

Rebecca後來並沒有刻意要省保養費，卻依然在沒有知覺的情況下，省下一小筆費用，一個月可以省下兩千多元，一年就可以省下自己現在　個月的薪水。

　　重要的是她並沒有砍斷什麼費用，反而使用更多樣化的產品，為生活多增添幾分新奇的樂趣。

流動 支出	每月 支出	後來 支出	當月 現省	一年 省下	五年 省下	十年 省下
治裝、 鞋費	1,000	1,000	0	0	0	0
保養品 費用	500	300	200	2,400	12,000	24,000

能量撲滿

　　生活週遭裡常常有許多小寶藏，全看我們是否曾經留心過這些事物，只要意識到它們的存在，它們就能為生活多加幾分！

生活當中有許多小寶藏，
　努力發掘和善用，
　　可以為生活加分許多！

善用免費資源，壯大存款數字

把錢花在真正該花的地方上，想存下人生第一桶金，便會成為指日可待的事，而不再是遙不可及的夢想。

Rebecca有個從小便維持的好習慣：每天洗澡的時候，總會用肥皂、順手把衣物快速洗淨，放到陽台上去晾乾。曾有人問她，天天洗衣服不累嗎？

她回答，其實每天穿的衣服並不髒，只要在比較容易有髒汙的地方，抹點肥皂，輕輕搓揉就可以洗淨，有時候甚至只要用清水洗就可以，連肥皂都不需要出動。

打開Rebecca的衣櫃，琳瑯滿目的衣服讓人以為她花很多錢敗家，因為裡頭掛著的衣服，幾乎每一件都很像新的。Rebecca總是笑著說，其實只要每天穿，當天多花個幾分鐘時間洗淨，衣服通常就可以保養的非常好。

　　洗衣粉很少買的她，連洗碗精也很少買，就算購買回家，也會把新的洗碗精倒入一半到舊瓶子裡，加水稀釋，把一瓶當兩瓶用。

　　曾有朋友問她，這樣會不會太省了？Rebecca困惑反問，這樣一來可以減少對地球水資源的污染，碗也都能洗乾淨，為什麼不這麼做呢？

　　Rebecca的雜用費用一向不高，後來經過半年不用買保養品的經歷後，她持續先前「認真看待試用品」的方法，開始使用洗髮精、國外知名品牌的沐浴乳、試用肥皂……等等產品。

　　結果硬是把每月的雜用費用，又再往下壓低，把原本可能花出去的金錢，通通變成存款數字上的一部分。

　　只是一些看似尋常的小動作，也為Rebecca每年省下一千多元，五年省下六千元，十年就可以省下現在半個月左右的薪水，不無小補，**許多看似不起眼的小地方，往往是最能輕鬆省錢。**

　　另外，Rebecca後來直接在家裡種上一盆蘆薈，整棵植物簡直就像一株純天然的保養品，每當她想要好好滋潤一下肌膚時，就會拔取一葉，剝掉外層後，透明的黏液便會緩緩流出來……

貼心小叮嚀：蘆薈雖好，但有些人會其過敏，過敏性皮膚者，請斟酌使用此法喔。

流動支出	每月支出	後來支出	當月現省	一年省下	五年省下	十年省下
雜用	200	100	100	1,200	6,000	12,000

能量撲滿

觀察自己平常生活用度，留心身邊是否有可運用的免費資源，讓大方提供試用品的廠商們，成為我們存下第一桶金的最佳小幫手吧！

一舉兩得之——
「無價存錢法」

美味固可貴，存錢價更高，
若為健康故，兩者皆可拋。

上班時，Rebecca習慣一天一杯飲料，以一杯飲料35元來計算，乘以20天，大約是700元左右，只是有時候總忍不住會想多加幾樣東西，常常一杯飲料40元、50元也不是奇怪的事。

有一陣子電視新聞常常報導飲料的食安問題，辦公室內人人聞飲料色變，自然很少人提議要團購飲料，Rebecca就是從那時候，開始自己帶茶包到公司泡，經過一段時間後，她發現自己的體重似乎變輕了。

因為漸漸習慣沒有飲料的生活，後來辦公室重新恢復團購飲料時，Rebecca變得比較少購買飲料，反而更專注在是

否有更健康的飲品上？事情演變到後來，Rebecca發現清水其實就是最棒的飲料。

她本來並沒有存心要省下這筆飲料費，只是在一連串新聞跟自我摸索後，Rebecca發覺自己喝飲料的次數越來越少，也積極找尋喜歡的替代飲品，例如：茶包或花茶，來豐富自己杯中物的美味。

這大概就是所謂的「無心插柳柳成蔭」，Rebecca以前每月飲料支出大約在700元左右，後來只需要100元，每月現省600元，**一年則可以省下七千多塊！大約是她目前薪水的三分之一！**

最驚人的數字是五年省下三萬多塊，十年就可以省下七萬多塊，對存款來可是很滋補的一筆費用，更棒的是Rebecca還賺到無價的健康。只是改變喝飲品的習慣，一年存下的錢就像老闆突然多發放三分之一的薪水，是一筆很可愛的數字吶。

流動支出	每月支出	後來支出	當月現省	一年省下	五年省下	十年省下
飲料費	700	100	600	7,200	36,000	72,000

奢侈小欲望是
「存錢天敵」

人的一生，永遠逃不了要被「花費」、「浪費」這兩樣東西夾攻！

Rebecca有個小嗜好，喜歡嘗試沒吃過的小零嘴，只要看見新品上市，就會忍不住買來吃吃看，比較不好的是她常常只吃幾口或只吃一盒中的一兩顆，其餘的幾乎都會直接丟進抽屜裡，等到年底清理時，因為放太久而盡數丟掉，實在有點浪費。

原本以為這不過是個小習慣，後來Rebecca發現平均一個月左右會有近500元的收入，都拿去買沒吃過的新產品。

500元聽起來也許不多，可是她每個月的治裝費都努力控制在1,000元左右，相對來看，零碎散買的零食居然要花掉500元，似乎有點過多。

發現到這點以後，Rebecca曾努力克制不要再亂買零嘴，可惜效果不彰，每次雙眼看見新口味零食，還是會忍不住嚐鮮的欲望，伸手從架上拿下新產品，走到櫃台結完帳，接著迫不及待試試看味道。

面對自己的奢侈小欲望，Rebecca其實相當苦惱，直到有天，她又打開專放零食的抽屜，再看看手中剛吃了一顆的糖果盒，腦中頓時靈光一閃，也許她應該反其道而行才對！

如果沒有辦法克制購買欲，也就是沒有辦法「不買」，那麼她應該給自己設計一條規則，只要達到這項規則，就可以「購買」新產品。

後來Rebecca為自己量身打造一條購買前的規則：只要抽屜裡的新品零嘴都吃完了，就可以再買新產品。

這條規則看起來似乎會讓購買更理所當然，但自從Rebecca給自己訂下這條新規定後，每次拿起新產品，心中湧起充沛的購買欲望時，只要想到抽屜裡還有上次沒吃完的糖果，就只能乖乖放下該產品。

Rebecca原本每個月大約會有500元左右的收入，貢獻給新口味零嘴，直到意識到自己的行為後，慢慢減少支出到300元，每月現省200元，一年就可以省下兩千四百元，這已經是一個月的早餐加晚餐費用！

流動支出	每月支出	後來支出	當月現省	一年省下	五年省下	十年省下
零用金	500	300	200	2,400	12,000	24,000

 能量撲滿 ･

好好正視「並非真正需要」的支出，往往會發現這筆金額也不算少，Rebecca依然購買新產品零嘴，只是頻率減少，不僅不再那麼浪費食物，也在不知不覺中省下一個月的早餐加晚餐。

讓「流動支出」成為
存款簿上的可靠金磚

很多事情都是「謀事在人，成事在天」，但存錢這件事，其實我們手中正握著百分之一百的主控權！

Rebecca輕鬆一項、一項填完整張流動支出表格，我們從這張表格可以看出以下幾件事：

第一件事：早餐跟晚餐的改變，讓Rebecca十年後可以輕鬆省下兩筆衝破十萬塊的金額。還有一點值得注意，早餐跟晚餐省下來的錢，幾乎快要達到四分之一桶金。

第二件事：改變和朋友的聚會模式，不僅可以更加凝聚感情，還可以在無感狀態下，十年省下高達24萬的金額，這已經快要逼近四分之一桶金了！

　　從表格上，我們可以清楚看見一件事，光是早餐、晚餐，以及改變和朋友的聚會模式這三件事，十年後居然可以省下逼近「半桶金」的金額！

　　第三件事：並非完全部娛樂，而是減少不必要的聚會，或者挑對時機點參與娛樂活動，也可以在十年後省下十六萬左右的金額！

　　「聰明消費」永遠是對我們「最有利的投資」，不管投資股票還是基金都有一定的風險，但聰明消費卻能讓我們在能百分之百保住本金的前提下，在十年後存下十六萬左右的金額。

流動支出	每月支出	後來支出	當月現省	一年省下	五年省下	十年省下
早餐	1,800	600	1,200	14,400	72,000	144,000
晚餐	2,400	1,500	900	10,800	54,000	108,000
聚會大餐	2,400	400	2,000	24,000	120,000	240,000
娛樂費	2,000	600	1,400	16,800	84,000	168,000
總合						660,000

由上頁表格我們可以清楚看到，早餐、晚餐、改變和朋友的聚會模式，以及多花點巧思來花娛樂費，十年後竟可以聚沙成塔、足足省下高達66萬的金額！

　　第四件事：終於可以看見整張表格「流動支出完整表格大揭密」，所帶來的「整體效果」！也許有些人在剛開始時，會覺得有些「流動支出項目」不過每個月省了幾百塊而已，能帶來什麼驚人的效果嗎？

　　答案是──絕對可以！

　　請看看原本身為「月光族」一員的Rebecca，每個月看著入不敷出的收入時，常常愁得心情沮喪，每次只要想到薪水跟存款，就會無端感到無力跟壓力。

　　可是現在Rebecca雖然薪水依然只有22K，卻可以依靠聰明過生活的方式，每月減少6,600元的支出，等於光靠「節省流動支出」，就可以讓她每月省下超過四分之一的薪水，相當驚人！

　　第五件事：每月減少6,600元的支出，一年輕鬆減少79,200元，將近快要8萬塊的數字，重點是這還只是每個月「節省流動支出」所帶來的成果，另外還有每月省下的「固定支出」還沒一併納入來看。

流動支出完整表格大揭密

流動支出	每月支出	後來支出	當月現省	一年省下	五年省下	十年省下
早餐	1,800	600	1,200	14,400	72,000	144,000
午餐	3,000	3,000	0	0	0	0
晚餐	2,400	1,500	900	10,800	54,000	108,000
聚會大餐	2,400	400	2,000	24,000	120,000	240,000
娛樂費（唱歌）	2,000	600	1,400	16,800	84,000	168,000
治裝、鞋費	1,000	1,000	0	0	0	0
保養品費用	500	300	200	2,400	12,000	24,000
雜用	200	100	100	1,200	6,000	12,000
飲料費	700	100	600	7,200	36,000	72,000
零用金	500	300	200	2,400	12,000	24,000
月流動支出總和	14,500	7,900	6,600	79,200	396,000	792,000

第六件事：一年輕鬆減少將近8萬塊的支出，五年累積下來就是396,000元，將近快要40萬，十年就快逼近80萬！

　　重點是，存下這筆數字的前提是Rebecca這十年收入始終不變只有22K，如果她薪水調漲或是加入年終獎金，這筆存款數字將會變得更大！

 能量撲滿 •

　　儲蓄本來就是件「積沙成塔」的工程。

• •

就算薪水凍漲，存款數字依然不斷變大……變大……

> 先把每天睜開雙眼就在付費的支出先搞定，再騰出雙手來，慢慢搞定能幫我們省很大、存很大的「流動支出」。

透過「流動支出完整表格大揭密」與「固定支出完整表格大揭密」兩張表格，我們可以得出「輕鬆存下人生第一桶金」這個表格。

我們不需要把所有支出一次通通搞定，可以把「固定支出」與「流動支出」按照這套書上、下兩冊的方式，先挑只要完成一個動作，就能幫我們每月自動把錢省下來的「固定支出」開刀，一項、一項按部就班逐一審視。

先把每天睜開雙眼就在付費的支出先搞定，再騰出雙手來，慢慢搞定能幫我們省很大、存很大的「流動支出」。

固定支出完整表格大揭密

固定支出	每月省下	一年省下	五年省下	十年省下
房租	2,000	24,000	12萬	24萬！
租屋大樓管理費	0	0	0	0
水費	100	1,200	6,000	12,000
電費	150	1,800	9,000	18,000
手機費	800	9,600	48,000	96,000
室內通訊				
網路費	550	6,600	33,000	66,000
保險費	200	2,400	12,000	24,000
瓦斯費	100	1,200	6,000	12,000
交通費	400	4,800	24,000	48,00
每月固定支出總和	4,300	51,600	258,000	516,000

當我們把「固定支出」與「流動支出」搞定後，接下來要做的事情更簡單了，只要持之以恆，就算老闆不加薪、就算經濟不景氣、就算只有22K，我們依然可以存下人生最重要的第一桶金！

 輕鬆存下人生第一桶金

固定支出	每月支出	一年省下	五年省下	十年省下
固定支出總和	4,300	51,600	258,000	516,000
流動支出	每月省下	一年省下	五年省下	十年省下
流動支出總和	6,600	79,200	396,000	792,000
每月減少支出總合	10,900	130,800	654,000	1,308,000

 能量撲滿 ●

存錢不用靠運氣或工作運，只要我們願意開始踏出第一步，「無感」存下人生第一桶金將是唾手可得的幸福。

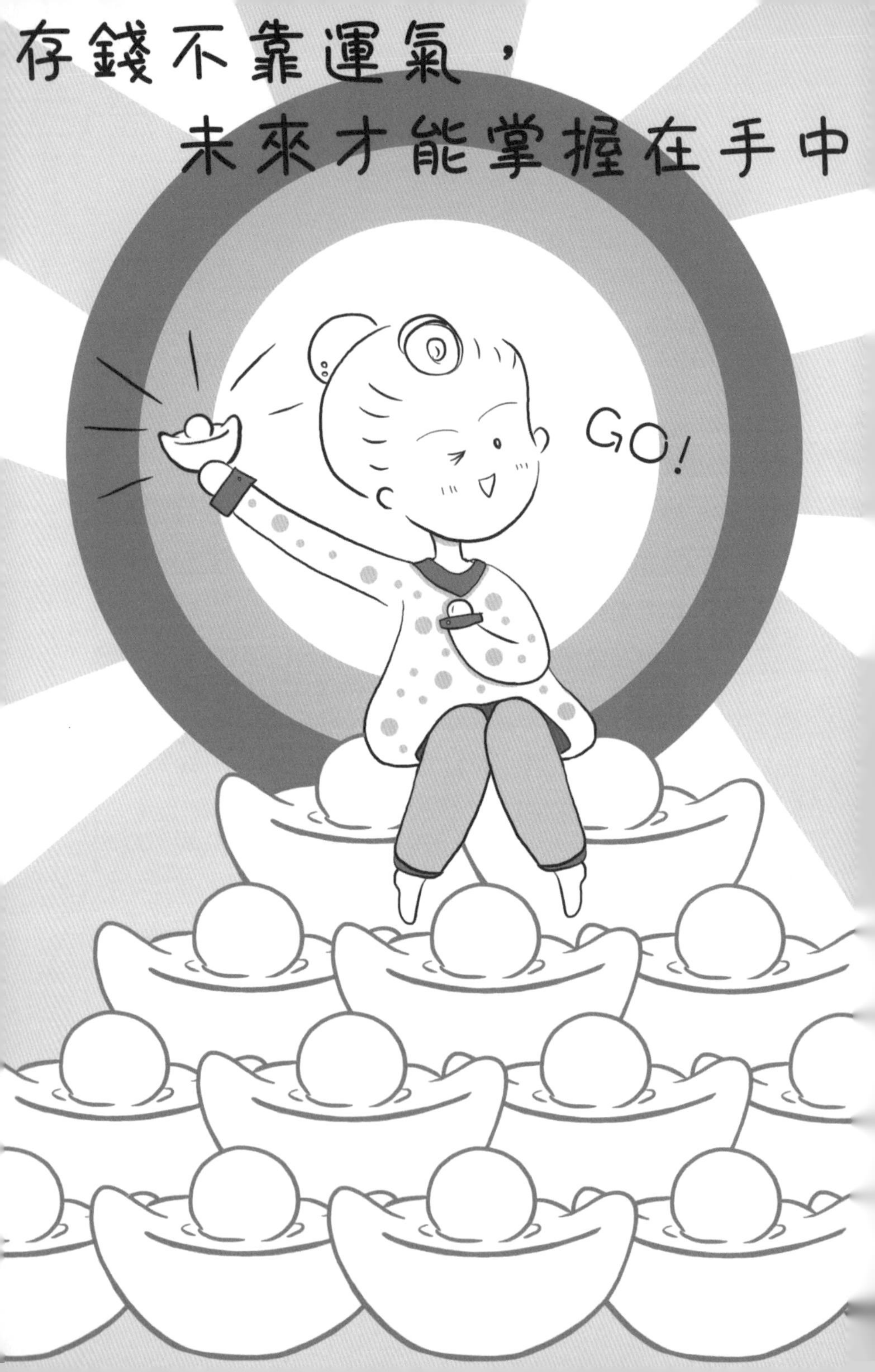
存錢不靠運氣，
未來才能掌握在手中
GO!

Part 4

建立存下N桶金
的好習慣與
聰明投資富心態

十年後，Jennifer已經擁有2,641,760元，264萬，
幾乎已經是一間房的頭期款！

笑笑存下的超驚效果！

重點在於要「找對方法」來管管自己的錢，先看看錢都流向何方？

原本每月支出勉強打平，幾乎每年的年終獎金、三節獎金都必須搭進去的Jennifer，後來支出立刻折半，每月花掉與節省的錢，居然剛好一半一半！

每年可以省下26萬多元的錢，這對以前的Jennifer來說，只是一個遙不可及的夢想吶。不到五年，Jennifer就可以省下1,320,880元！意思是**不到五年，她就可以輕輕鬆鬆存下人生第一桶金！**

而且請大家別忘了，在「固定支出」中，有許多改變的動作只要一通電話就能搞定，也就是——Jennifer接下來只要笑呵呵地專注在「流動支出」上，這張表格上所寫的存款金額，對她來說，早已經是囊中之物了。

存款秘書一號：Jennifer每月生活中省下「固定支出」

定支出	每月支出	後來支出	當月現省	一年省下	五年省下	十年省下
房租	10,000	7,000	3,000	36,000	180,000	360,000
管大樓理費	1,385銀兩	0	1385	16,620	83,100	166,200
水費	250	100	150	1,800	9,000	18,000
電費	750	400	350	4,200	21,000	42,000
機費	1,300	1,300	0	0	0	0
電話與有線視費	124元（室內電話費）89元，平台服務費（綁約一年）總共213元	70	143	1,716	8,580	17,160
路費	1,100	0	1,100	13,200	66,000	132,000
儉費	40,000元（一年）平均每個月3,334元	28,000元，平均每個月約2,334	1,000	12,000	60,000	120,000
折費	800（3個月）	267	0	0	0	0
通費	捷運來回96元（一天）1,920元（一個月）	600	1,320	15,840	79,200	15,8400
固定總和	20,519	12,071	8,448	101,376	506,880	1,013,760

存款秘書二號：Jennifer每月生活中的「流動支出」

流動支出	每月支出	後來支出	當月現省	一年省下	五年省下	十年省下
早餐	1,800	1,050	750	9,000	45,000	90,0
午餐	4,500	1,500	3,000	36,000	180,000	360,0
晚餐	4,500	3,000	1,500	18,000	90,000	180,0
聚會大餐	2,800	1,000	1,800	21,600	108,000	216,0
娛樂費（唱歌）	4,000	1,600	2,400	28,800	144,000	288,0
治裝、鞋費	13,000（每年三萬六）	17200/年 1434/月	約1,566	18,800	94,000	188,0
保養品費用	1,000	500	500	6,000	30,000	60,0
雜用	500	250	250	3,000	15,000	30,0
飲料費	1,500	200	1,300	15,600	78,000	156,
零用金	500	0	500	6,000	30,000	60,
每月流動支出總和	24,100	10,534	13,566	162,800	814,000	1,628,

　　接下來，就看Jennifer是否還有辦法善用自己的智慧，為自己省下更多、利用資本賺下更多，存下更恐怖的驚人數字！

　　不過，在此之前，Jennifer已經擁有許多可以上戰場的子彈（意指：投資場上的銀兩），拿錢滾錢，讓她可以坐在電腦桌前，移動滑鼠，笑著、笑著就能把錢賺進荷包的方法喔！

　　最厲害的是：**十年後，Jennifer已經擁有2,641,760元，264萬，幾乎已經是一間房的頭期款！**月光族Jennifer絕不是唯一個案，不管月薪多少，大家存不了錢的原因，其實是大同小異的。

　　重點在於要「找對方法」來管管自己的錢，先看看錢都流向何方？（存款秘書一號與存款秘書二號的「每月支出」欄，）

　　在我們發出「天啊，沒想到我一個月光是聚餐居然就花掉這麼多費用？！」。還是「每天只是一杯咖啡跟飲料，沒想到也在不知不覺中燒掉我這麼錢！」的驚嘆聲時──**先別急著著急喔，「發現」絕對是「改善」的第一步！**

　　當我們開始發現「某些支出很出乎我們意料之外」時，恭禧大家，已經踏入正要能夠存下錢的第一步囉。

希望大家都可以和Jennifer一樣，順順利利擺脫月光族的惡夢，踏進擁有第一桶金的第一步喔！

綜合以上兩個表格，我們得出以下這張合併的簡單表格：

	每月支出	後來支出	當月現省	一年省下	五年省下	十年省下
每月固定支出總和	20,519	12,071	8,448	101,376	506,880	1,013,7 👑
每月流動支出總和	24,100	10,534	13,566	162,800	814,000	1,628,0 👑
每月支出總和	44,616	22,605	22,014	264,176	1,320,880	2,641,7 !!!

最保險「定存」 的五大優點！

> 我們必須跟股神巴菲特一樣：絕不碰自己不熟也不懂的東西！如：股神巴菲特從不投資科技股票，就是一例。

子彈已經準備好了，現在，我們該上場大顯身手囉！

許多人存下錢後，會對自己的錢發出更大的疑問：有了這筆錢，要怎麼「處理」它，才夠聰明？想要永遠聰明的唯一一條黃金法則，必須跟股神巴菲特一樣：絕不碰自己不熟也不懂的東西！例如：股神巴菲特從不投資科技股票，就是一例。

不過，以比較安妥又相對之下比較沒有風險的「定存」來說，就比較無所謂懂不懂的問題，只要錢擺進銀行或郵局裡，基本上就算大功告成囉！

就定存來說，目前台灣各家銀行定存利率都不太一樣，差距不大，以前10萬元存進銀行裡，一年大約有2,000元左右的利息錢（每家銀行不同，利率時常有所變更，可上各家網路銀行直接查詢才最準確）。

現在一樣的10萬元存進銀行裡，一年大約只有1,000多元左右的利息錢，這是2012年的狀況（精準的利率數字，請上網查詢各家銀行當日定存的利率喔）。

「定存」好處在於以下五點：

第一點：可以利用一筆錢，擺進郵局或銀行裡，固定一段時間就可以生出另外一小筆錢，拿錢賺錢。

第二點：一旦存進郵局或銀行裡，完全不用再去碰它，我們甚至可以設定「自動轉存」的功能，也就是一年到期後，就算我們沒空去處理，這筆錢也會自動再繼續定存下去，等於只需要在開始（辦理定存）和結束（解除定存）時，到郵局或銀行處理即可。

第三點：解除定存需要本人親到現場。而這一點恰恰正好是我們要的最大優點之一，因為解約麻煩，一旦定存，除非真的有十萬火急的需要，否則就很不願意特地再去一趟銀行做出解約動作。

申請網路帳戶
　　理財也可以很雲端！

第四點：想花大錢的念頭一出現時，我們**拿出定存單**，看看上頭距離一年的到期日，只剩下兩個月，於是便會咬牙忍住這段時間。

有時候，等兩個月時間一過，我們想花大錢的念頭很可能早就不見了。就這樣，我們好好守住自己荷包的記錄，即將又再添上一筆。

第五點：**定存很穩又可以隨時解約**，比起外幣或股票投資，一旦先買進，外幣或股票下跌，就會被套牢、從此難以動用來說，定存的確是一種無後顧之憂的好選擇。

 能量撲滿

利用一筆錢，擺進郵局或銀行裡，一段時間後就可以生出另外一小筆錢，拿錢賺錢。

外幣定存利率比較高？

> 有人將外幣定存，看成是經營的一大區塊，也有人利用外幣匯差，賺取一點小錢。

投資前，一般人都會先考慮要留多少錢在身邊比較妥當？有的人會說三個月薪水左右，有人會說至少二個月薪水，這個數字沒有一定，唯一能夠定下這個數字的人，只有我們自己。

請試著想想看，萬一眼前工作沒了，大約多久可以找到新工作？如果答案是三個月，就請準備四個月左右的薪水，給自己稍微多一點的退路空間。

不過，一般來說，以現在工作難找的程度，會建議存個半年左右的「生活開銷」，而不是幾個月的薪水。薪水只是一個數字，我們每月生活真正所需的開銷，才是對我們有意義的數字。

任何投資都有風險，就連「定存外幣」也不例外！因為匯率時常起伏不定，常會為外幣定存帶來一定的風險。

　　假設：當天買進1,000澳幣，然後立刻存進外幣戶頭的定存裡，當天澳幣即期外匯為32，花了台幣三萬兩千元左右買進1,000澳幣，定存三個月的利率是2.75。

　　表面上看起來，定存三個月的利率是2.75，比目前台灣多了些，不過潛在風險是——如果我們急需這三萬多塊來用，而即期澳幣剛好貶到29元，因為急用，我們便解約拿出這1,000元澳幣，轉換成台幣後，只剩下兩萬九千元，其中三千元就這樣活生生蒸發掉了。這就是定存外幣的風險。

　　不過，朋友之中，也有人將外幣定存，看成是經營的一大區塊，也有人利用外幣匯差，賺取一點小錢。通常這類朋友，會在確定生活無虞後，才會拿出多於的閒錢，投入外幣市場累積經驗。

　　假設：當天買進1,000澳幣，然後立刻存進外幣戶頭的定存裡，當天澳幣即期外匯為29，花了台幣兩萬九千元左右買進1,000澳幣，定存三個月的利率是2.75%。

　　結果這次很幸運，澳幣升到了32元。把1,000元澳幣換回台幣後，立刻直接從兩萬九千元，變成三萬兩千元，直

接「資產獲利」3,000元，另外還有一點點澳幣2.75％的利息錢。如果是下面這樣的情況，等於一次買賣動作，同時賺取匯差（3,000元），和澳幣的利息錢（澳幣2.75％的利率），一次賺到兩筆錢。

現在買賣外幣，其實非常簡單，只要到自己認為匯率跟利率給的比較好的銀行，給自己辦理一本外幣戶頭跟一本台幣戶頭，再申請網路銀行，就算坐在辦公桌前，也可以在幾分鐘之內，完成所有操作喔！

再者，因為透過網路銀行買賣外幣，銀行方面往往會再匯率跟利率方面，給出一點點的優惠。

 能量撲滿

外幣定存利率可上各家銀行查看，利率時常變動，如果利率跟台幣相差不多，建議可以多觀察，在買賣外幣時，已先被銀行賺走一筆匯差，千萬不要沒賺到外幣定存利率，還賠掉匯差喔！

竊喜型、夢想型、心得型，你是哪一型？

選取自己喜歡的方案，讓自己的存錢計劃可以一直持續下去吧。

想要輕輕鬆鬆存到錢，「方法」很重要，但還有一項比方法更重要，那就是──「要能夠持續下去」！

因應每個人天生的不同，有幾下幾種「對症下藥」的形式，可以任君選擇，請選取自己喜歡的方案，讓自己的存錢計劃可以一直持續下去吧。

第一種形式：看到存款數字總和越來越大，就會莫名竊喜起來型。

小咪正是這類型的人，她幾乎時時刻刻都會把存款表格帶在身邊，只要坐捷運無聊、等朋友無聊，或是又存進一筆

閃亮亮存款數字時，都會喜孜孜拿出隨身攜帶的筆記本，默默翻到以下這一頁，開始計算自己目前有多少存款：看著慢慢往上升的數字，小咪就算人正坐在捷運裡，也會把臉藏在筆記本後面，心花朵朵開地偷偷笑開。

小咪是標準「看到數字變大就開心」的可愛族群！

第二種形式：擁有明確目標或夢想型。「我想要年底到匈牙利去玩」、「我想要買一台更高階的相機」，心中常存這些念頭的人，可以促進自己存下錢，讓自己的夢想成真。

第三種形式：喜歡和朋友聚餐時互相討論、交換心得型。這種人，我們可以說他很樂於分享，也非常需要有朋友來讓自己見賢思齊的類型。

他們幾乎把存錢當成一種生活中的小遊戲，時常給自己和朋友小小腦力激盪一下，發揮自己滿腦子都是的小聰明，為自己和朋友存下一筆又一筆的可愛儲蓄金！

 能量撲滿

珍惜用錢，錢就會成為我們存款簿裡，不斷步步高升的多位數數字！

存款秘書四號

存款 體質	A銀行存款 （薪資存入銀行）	B銀行存款 （家附近的郵局）	B銀行定存 （家附近的郵局
一月	2,000	2,000	100,000元
二月	6,000	4,500	100,000元
三月			
四月			
五月			
六月			
七月			
八月			
九月			
十月			
十一月			
十二月			
年度總收入			

外幣戶頭	總和
,000元紐元定存（約台幣兩萬三）	127,000
,000元紐元定存（約台幣兩萬三）	133,500

讓「定期定額」 幫自己一把吧！

永遠不要怕「錢先存進去，如果到時候要用怎麼辦」？

如果我們始終拿不定主意，不曉得一個月該存多少錢比較好？建議可以參考郵局有種「定期定額」的存款方式。運作模式分為很多種，例如，有的是六年為一期。

存款方式也分為很多種，可以每月存進一筆錢，也可以每年存進數字較大的一筆錢。也會規定要固定存進去多少錢，存款數字可能從幾千塊到幾萬塊都有。

例如：有的人想要在六年後，拿到一筆三十萬的存款，好讓自己可以開一間早餐店，脫離上班族生活，開始做自己的老闆。

於是，他會在每月領薪水時，率先把這筆「圓夢基金」存進去，一個月、一個月地存，感覺就像無形中有個單位，正在激勵自己存到這筆錢一樣，對於常常花光手邊所有錢的人來說，這是一個很值得考慮的存錢方式。

永遠不要怕「錢先存進去，如果到時候要用怎麼辦」？

根據身邊朋友經驗，只要有目標，例如：想要在十年後開店、希望六年後可以到歐洲玩個一個月，再搭配上這樣的存錢方式，幾乎都一定會成功、順利美夢成真喔！

如果擔心自己會忍不住把「好不容易存進去的錢」，又因為一時失心瘋，通通提出來花光光，像這種宛如階梯式的存錢方式（不斷往上累積存款數字），又有一個機構協助自己，必須「在幾年之內，存到多少錢」，**感覺就像有人幫我們擬訂了一個存錢計劃表一樣。**

我們只需確認想在「幾年之內，存到多少錢」，然後到我們喜歡的金融單位（通常是郵局）設定好，接著，只需按表操課，時間到就乖乖把錢存進去，接下來，就只要等著在自己設定的時間上，可以領到自己期望中的那筆款項囉！

存錢要有計劃，花錢也要有！

如果自己不擅長做存錢計劃，也許可以交給郵局，那裡總是會有一些定存的方案，可以提供我們選用。不過，花錢計劃這件事，我們可就一定得自己來喔！

小摳是個很容易就把錢從手中流出去的人，花錢時沒有節制，更別提計劃了。於是，身邊的朋友們給他取了「小摳」的外號，不是在說他很摳，而是希望大家「小摳，小摳」叫久了，小摳可以真的為自己摳住一些錢。

現在，讓我們一起來看看，小摳的朋友們為什麼這麼擔心小摳吧！

 狀況劇

今天是星期三，早上起床猛然想起，老闆固定每個星期三的九點半，都會準時進辦公室開會。時間上快要來不及的小摳，立刻在自己二十八坪的租屋裡，匆匆梳洗完成，打開掛了許多只穿了一次的名牌服飾的衣櫥，穿戴整齊後，跳上計程車，趕赴公司每周的老闆例行會議，雖然他已經很努力了，但還是硬生生遲到了十分鐘，被老闆賞了一記白眼。

小摳公司在東區，中午時間，他到附近溜轉了一下，吃了一客鰻魚蓋飯，花掉250銀兩。

　　傍晚朋友打來的晚上喝點小酒聚會一下，他馬上一口答應，而這已經是本周第三次聚會，重點是今天才星期三。

　　下班後，小摳看看錢包裡頭的錢，有點擔心不夠用，於是便就近找了提款機領錢，又被收走一筆手續費。在等朋友時，為了讓自己看起來有事可做，於是開始拿出手機，開始和朋友一直聊個不停。

　　從以上這段文字，相信大家都可以了解為什麼小摳的朋友們，會這麼擔心他了吧？

　　現在，請大家一起從上段文字中，找出7個小摳有點花錢過度的地方，然後再看看下面的解答，看看自己是不是能精準抓出小摳7個浪費的點吧！

解答

　　今天是星期三，早上起床猛然想起，老闆固定每個星期三九點半，都會準時進辦公室開會。

　　時間上快要來不及的小摳，立刻在自己 1.二十八坪的租屋（一個人住會不會太大了一點呢？）裡，匆匆梳洗完成，打開掛了許多 2.只穿了一次的名牌服飾的衣櫥，穿戴整齊後，跳上 3.計程車，趕赴公司每周的老闆例行會議，雖然

他已經很努力了，但還是硬生生遲到了十分鐘，被老闆賞了一記白眼。

小摳公司在東區，中午時間，他到附近溜轉了一下，吃了一客 4.鰻魚蓋飯，花掉250銀兩 （以上班族平常的午餐費來看，似乎有點貴喔～～）。

傍晚朋友打來的晚上 5.喝點小酒聚會一下 ，他馬上一口答應，而這已經是本周第三次聚會，重點是今天才星期三。

下班後，小摳看看錢包裡頭的錢，有點擔心不夠用，於是便就近找了提款機領錢， 6.又被收走一筆手續費 。在等朋友時，為了讓自己看起來有事可做，於是開始拿出 7.手機，開始和朋友一直聊個不停。

如何？精明的你，總共抓出小摳幾個浪費的點呢？

最後，在這個小小的遊戲之餘，也別忘了看看自己是否也有相同浪費的問題喔！

把毒針插在可愛荷包上的九條奸笑吸血蟲

我們可以不用知道所有銀行的來龍去脈，但對於手邊正在使用的那幾張信用卡，一定要了解得徹徹底底喔。

在所有支出中，我們可以利用以下幾點，稍微審視一下自己是否也有以下這幾種耗損荷包的消費習慣呢？

第一點：為了累積點數，我們拿出信用卡，像得了失心瘋一樣瘋狂刷；在超商內，也非得湊足一定金額、拿到集點貼紙才肯去結帳？

第二點：繳了健身中心的會費，一年卻去不到幾次，最後居然得靠到那裡洗澡，才稍稍緩和自己荷包大失血的心痛感？

第三點：時常購買對身體無益又花錢的飲料，有時候甚至還一天要買好幾杯？

第四點：沒錢就到提款機領錢，常常幾十塊、幾十塊的被扣掉不少手續費。

第五點：每天都吃外食，瘦了荷包也就算了，還連帶增加了可惡的體重！

第六點：很少吃蔬菜，導致需要喝大量優格，甚至是幫助腸胃蠕動的中藥來調整身體，而從沒想過自己徹底解決的辦法，其實是——多吃蔬菜？

第七點：用手機聊天，常常聊到沒電還要另外換顆電池，導致手機費用高得嚇人！

第八點：不一定非去不可的聚餐、唱歌ㄊㄨㄚ，我們居然勇奪全勤獎？（這到底是為了什麼啊？）

第九點：恐怖的高額保險費。我們花了大把鈔票，卻永遠都搞不清楚自己到底買了什麼東東？

如果以上九點，自己與描述的情況擁有越多的相似點，恐怕就代表我們需要好好重新整頓一下自己的荷包囉！

根據以上，我們可以定下以下幾項對策：

第一點：徹底拋開點數這種蒐集遊戲，尤其嚴禁為了集點而硬湊出一定金額，同時為了避免再次發生「宛如失心瘋般瘋狂刷卡」的慘案，出門只帶當天可以使用的錢。

第二點：如果自己已經發生過一次這類事情，當下次又想繳會費時，請告訴自己：「想運動，要不要從不花錢的慢跑開始，說不定跑著跑著，還能出現路邊豔遇喔？」

第三點：請不要再花錢傷害自己的身體囉，尤其是體重計上的邪惡數字，和總是圍著一圈肥油的小肚肚，每想到一次就徹底沮喪一次！如果做不到徹底拋開誘人的飲料，又覺得光喝白開口有點不太能適應，要不要從茶包加糖開始？開始認真用力甩掉體重，肥了我們的荷包？

第四點：自己常用的銀行，能夠提款幾次免手續費？

能夠跨行轉帳幾次不用錢？大家都清楚了嗎？我們可以不用知道所有銀行的來龍去脈，但對於手邊正在使用的那幾張卡片，一定要了解得徹徹底底喔。

第五點：煮食，真的沒有想像中困難！

花個假日1~2小時逛逛傳統市場或大賣場吧！然後再用半天時間，煮一整個星期午餐的菜量，等冷卻後，裝成一

包、一包塞進冷凍庫裡，隔天要帶便當時再取出來。這一招，往往是海外留學生的最愛，省時、省錢又方便，千萬不要放著這麼棒的方法不用喔。

第六點：請開始瘋狂多吃蔬菜吧！

只要把菜買到手，花個10秒鐘時間切好，再花1分鐘時間清洗乾淨，接著丟進鍋子裡快炒了5分鐘，10分鐘不到，一盤熱呼呼的菜就可以裝進肚子裡囉。用一點點的錢和不到10分鐘，換得自己的健康，應該是筆超級划算的買賣，不是嗎？

第七點：有道是「見面三分情」，如果可以和朋友碰面聊天，將可以更加拉近彼此之間的感情。手機，其實就是以前的電話，其目的最重要的功能應該是用來連絡，而不是代替與朋友碰面聊天的親密感喔。

第八點：我們只是想擁有幾個真心的朋友，千萬別把自己搞得像交際花一樣喔。

第九點：該是打電話約人，重新再審核一次自己的保單，看看是否符合自己現在的需要？

每個弱點，只要有「方法」去處理，再多的弱點，我們都可以一點一點慢慢把它們通通糾正過來！

用數字擊退討人厭的莫名壓力！

發現自己存款不多並不可怕，可怕的是──沒有目標的存錢跟花錢。

Brad擁有一份工作，每個月的薪水會固定流進自己名下的某個戶頭裡，他不算是月光族，也沒有借貸，但心裡常常總是浮現出一股淡淡的不安。

久而久之，這種不安的感覺，轉變成惱人的不安全感，最後吞噬了他的快樂，形成心底一抹沉重的壓力。

Brad怎麼了？這是所有朋友，包括他自己心底的大疑問。

Brad其實什麼事也沒有，但也可以說他的問題還滿大條的！

原因就出在：Brad從來沒真正管過自己的錢！

每個月薪水進來，Brad沒錢時，就會到提款機把錢領出來花，永遠不知道自己銀行存款簿裡到底有多少錢，反正要花用的時候有錢就可以了。

沒有確切掌握自己存款數字的人，往往代表對未來沒有規劃，人對看不到或覺得虛無的未來，其實內心裡是會有壓力的。

後來Brad運用自己國小就學會的「加減計算能力」，從「掌控自己的錢」開始，一步步「設定目標」、「計劃可行的方案」通常計劃跟金錢很難脫得了關係、「執行」、「空虛感消失」、「積極投入執行中」、「壓力釋放」、「修正計劃」、「目標達成」、「再進行下一個計劃」，如此循環不已。

Brad利用「簡單的運算」，重新掌控自己的金錢，甚至進一步掌握住自己的人生藍圖。現在，對Brad而言，花錢時，先在腦袋裡計算過一次，已經不只是單純計算這件事，而成為他思考的立基點。

例如：Brad最近想要買房，存款裡的每個數字，都不再是可有可無的子弟兵，而成為他買房的重要地基，連購物

時，他也會自問：「這真的是我想要的嗎？」「如果跟買房子做比較呢？哪個才是我真正想要的？」

Brad現在常說：「發現自己存款不多並不可怕，可怕的是──沒有目標的存錢跟花錢，那份存錢和花錢時的興奮感都不會存在，而這才是真正讓人感到萬分沮喪的一點！」

 能量撲滿

如果我們始終拿不定主意，不曉得一個月該存多少錢，建議可以參考郵局「定期定額」的存款方式。

死命摳住每一分錢就對了？才怪！

錢是一定要花的，但能不能精準花在刀口上，決定我們最終能不能存到錢。

錢要存，生活品質也要兼顧！一昧省錢，有時候只會讓人越來越失去魅力。

「錢」要存，「生活品質」也要顧，「健康」也要注意，還有最重要的一點：**千萬別忘了「自我投資」！**

什麼是「自我投資」？**不斷學新的東西、接觸從未接觸過的層面，學習新的語言。**

學習，其實並不一定要到補習班上課不可，畢竟「師父領進門，修行在個人」，有時候花少少的錢，只要有心，同樣可以達到相同效果。

　　錢要存，但不要摳。我們應該刪除的花費，是「沒有必要」且「浪費」的那些花費，而不是生活必需一定要的支出。

　　錢是一定要花的，但**能不能精準花在刀口上，決定我們最終能不能存到錢**。有時候千元大鈔就像情人一樣，我們要重視它、珍惜它、愛護它，它才會永遠留在我們身邊喔！

「投資自己永遠是最聰明」的六大面相

　　馥眉曾經招待一位很愛玩攝影的大陸背包客女生，因為對日劇著迷，稍微會說點日文，大學畢業後，搖頭晃腦跟同學們一起到日商公司招考。現在，她人已經在東京工作四年多，幾乎是大學一畢業便立刻過去。

　　她之所以能到台灣來玩，是因為在日本工作，公司每年夏天會放一種「暑假」，假期大約一星期左右，由各部門大家輪流放假。

　　在經過四年多的當地生活後，她的日文對談能力已經變得非常好，不但人生從此多了一項「能助自己一臂之力的語文能力」，每個月的薪水也比起同年齡的同學還要多上一些。

當初她自己恐怕也不曾預料過，就因為愛看日劇，比同年齡同學多會一點點日文（據她說，自己從未深入學習過，只是常聽日劇裡的人物說話，時間久了，多少會一點簡單對話而已），竟然意外獲得到日本東京工作的機會，從此得到**比其他人更能好好學習日文的機會，還可以深入體驗另外一個文化、賺一份比同年齡人多一點的薪水！**

一般投資獲利，計算的都是2％、5％，**但投資自己的報酬率，常常是以200％、300％來計算的！**更可怕的是，有很多更棒的潛藏收益（例如，徹底深入一種文化裡過生活）往往都是看不到。**把自己準備好，接下來，只要等待機會出現就可以了！**

好好投資自己，為自己的未來多準備幾把刷子，沒人知道它們何時才能被派上用場，但我們都知道，一旦這幾把刷子當中的其中一把被賞識，自己的未來很可能因此走得更順，有時候更是我們人生終的一大跳板喔。

任何投資都有賠的風險，但投資自己是穩賺不賠的，就算後來沒有因它而賺到錢，但學習過程中的快樂與小小成就，是千金換不來的！

有什麼是我們可以好好學習的呢？以下是從許多朋友那收集來的各方面技能，有的可以在工作上讓自己更進一步，

有的則可以讓生活質感更加提升，有的則可以幫助自己省下錢、輕輕鬆鬆存到人生第一桶金。現在，就把這些可以「再學習」、「多投資自己」的技能跟大家一起分享：

第一項技能：語言萬歲、萬歲、萬萬歲！

雖然語言是不少人心中永遠共同的痛，但不能不承認，「語言」這項工具，的確可以帶我們到更寬廣的世界裡去。

第二項技能：簡單料理的煮食能力。

如Jennifer靠著簡單的料理方法，處理自己的三餐加飲料，光是初階的簡單料理，居然可以為她在十年後省下「78萬塊」的錢錢！

就算多兼個副業，或是多一分兼職，每年恐怕也不容易有快八萬塊的淨收入，尤其是在頭一年嘗試，就可以有這樣的效果。

重點是，自己想要怎麼煮、煮得好或不好，沒有老闆在旁邊碎碎念，也沒有人對這些餐點品頭論足，一切由我們自己說了算！

這份工作不用面試、不用通過耗時耗精神的審核、不用基本額、更不用創業基金、也不用爆肝工作。相反的，它不僅給我們絕對的人基本生活權利、沒人可以代替我們自己來

的審核工作、不用額外準備一大筆錢投入，還能額外賺到最寶貴的健康、終於成功減重一公斤的滿心感動……這麼好的工作，確定自己還不要加入嗎？

而且，有時候自己做菜，感覺就像小時候的勞作活動一樣，好玩、好吃之餘，最迷人之處在於──可以全心投入COOK的感覺，其實真的很不錯喔！

第三項技能：攝影技巧。
可以提高自己對生活點點滴滴的觀察力，豐富自己的感情厚度，而不再只是空蕩蕩的過活。把心變得豐軟一點，看這個世界的角度，也將充滿值得珍惜的觀點喔，畢竟，人活著是為了感動，而非單純能夠生存下去就夠了喔。

第四項技能：多培養一項可能可以賺錢的技能。
像在室內設計公司的Amy，下班後，每星期兩天會去學習3D動畫，學東西是她想要的東西，認識新朋友也是。

我們永遠不知道何時會「無心插柳柳成蔭」？不過，重點是「我們到底插柳了沒」？

一個動作、一項學習，都可以帶給我們最美好的期待，能懷抱期待本身，就已經是一件非常幸運的事，更別說這些學習舉動，每項都是通往「更美好未來」的一把關鍵鑰匙。

第五項技能：找到一項自己熱愛，而且對身體健康有益的運動。

最近台灣很瘋迷騎自行車，也有不少佳偶，正是靠著這項運動而相識、相知，到相惜。

有的人喜歡游泳，有的人則喜歡球類運動，運動項目很多，何不給自己挑個喜歡的，好好長期從事這項運動，讓自己不僅能獲得健康，還能擁有絕對有效的肌膚緊緻妙方，說不定哪天就在自己熱愛的運動地盤上，遇上不可思議的好事也說不定喔。

第六項技能：增加自己對美的鑑賞力。

多培養幾項對真、善、美的鑑賞力吧！不管是致力於對美酒的品嚐、還是對各式各樣的電影著迷、或者是對古典樂跟搖滾樂同樣著迷……只要具備一項對美的鑑賞力，都可以讓我們變得更加迷人喔！

 能量撲滿

> 投資自己，就是不斷把自己往上提升，主要可
> 以分為三大層面來看：
> 第一點，「工作」技能方面。
> 第二點，「生活」技能方面。
> 第三點，對人生的「感受力」與「鑑賞力」。

七大超實用錢包整理術

「主動」，是掌握的第一步。
「掌握」，則是有效管理的第一步。

存有好幾桶金的人，都是怎麼管理自己的錢包？打開這些人的錢包秘密，讓我們也分到一些「把財招來」的好運道吧！

好野人錢包秘密一：紙鈔按面額大小，乖乖整齊排列自己錢包裡頭的所有現金。這種錢包一打開，往往都有一個共同點——「乾淨俐落」。

只要敞開錢包，馬上可以在短短幾秒鐘之內，判斷裡頭大概有幾張千元大鈔、幾張五百元鈔票，和一百元鈔票大約有幾張。零錢通常不算，只消一眼，便可以立即算出錢包裡頭裝了多少錢。

把紙鈔按面額大小分類，就跟管理公司各部門一樣，分門別類的用意都是為了能夠「更有利於管理」！

好野人錢包秘密二：裡頭只有信用卡，而且給的刷卡回饋是自己最想要的東西，而非「虛無又根本不會去換」的紅利點數。

有的人偏好紅利點數，可是往往可以聽到他們的抱怨，像是點數好難集、自己最想要的東西，所需要的點數根本就是一項不可能的任務。如果真是這樣，為什麼不挑個離自己想要東西，更近、更快一點的方式呢？

例如：有的人喜歡「現金回饋」，錢的回饋，才最實際，也不會換了一堆自己也許根本不會去用的東西回家，還會佔據家裡越來越不夠的儲物空間。有的人喜歡旅行，便會挑選有提供點數換成里程數的信用卡，每刷一次卡片，等於又更朝他想要的機票邁進一步。

信用卡種類很多，每家銀行也都有推出很多不同的方案，與其「被動選擇」（從有限的產品中挑選「自己其實沒那麼想要」的東西），倒不如「主動詢問」，找出自己真正想要兌換東西的銀行，辦理自己想要的信用卡。

「主動」，往往是更加能「掌握自己想要生活」的第一步喔！

好野人錢包秘密三：絕對看不到任何一張發票、名片或是集點卡。任何會增加錢包負擔、雜亂、干擾的東西，在這些人的錢包裡，幾乎完全看不到。在錢包裡，永遠只有跟「錢」有切身相關的東西。錢包，永遠都只是錢包，而不會變成雜物包！

好野人錢包秘密四：每天確實掌控裡頭餘額，至少早上出門跟回家睡前兩個時間點上，會確認錢包裡的現金有多少。「主動」，是掌握的第一步。「掌握」，則是有效管理的第一步。

好野人錢包秘密五：不要放太多現金，只放入當天可花的現金鈔票。這個方法可以幫助我們更加「有效控管」自己對現金的運用，而且永遠不會超出當日金額，因為會讓我們超支當天預算的那些鈔票，通通乖乖躺在家裡的抽屜裡。

好野人錢包秘密六：有招來好運的小小吉祥物，代表一種對錢包的重視。很多人會放神像以祈求平安，也有人會放自己相信的小小幸運物，像是幸運銅板，或是象徵好運的許願帶。

放這些東西的目的，主要在於代表自己夠重視錢包、金錢這件事，只要我們重視自己手中的每一張鈔票，鈔票自然也會緊緊跟著我們喔。

好野人錢包秘密七：安放一張過年時求的警惕詩籤。大家在過年時，總會想為自己祈求一整年的順遂平安，於是，常常有人會求籤，並同時獲得一張小小的可愛詩籤。

馥眉特別喜歡充滿「警惕的詩籤」，而非所謂的好詩。所謂的好籤跟好詩，個人定義不同，但對馥眉來說，能夠對自己生活有幫助的詩，比一般認定的上上籤，擁有更大的意義！

曾經發生過一件事，朋友Roger曾獲得一張充滿警惕的詩籤，其中一句便是「耐煩做事好商量」。那一整年，Roger把詩籤放進自己薄薄的錢包裡，每當生意洽談不是很順利時，他總會在一些很特殊的時間點，不斷看到這張詩籤，反覆對「耐煩做事好商量」這句話，有股特別的感覺。

當時，有位「很磨人」客戶正在與Roger頻繁接洽中，在下決定是否合作的前幾天，他一直不斷想起「耐煩做事好商量」這句籤詩。

最後，Roger終於決定與對方合作，時間過去半年後，他赫然發現這個決定為自己帶來數字十分驚人的商場利益！

好野人不說的錢包秘密!

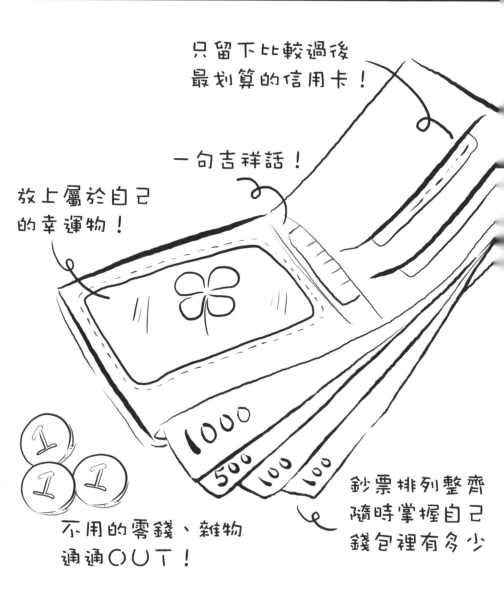

只留下比較過後
最划算的信用卡!

一句吉祥話!

放上屬於自己
的幸運物!

鈔票排列整齊
隨時掌握自己
錢包裡有多少

不用的零錢、雜物
通通OUT!

附 錄　Appendix

貼心小幫手
（八大空白表格）

存款秘書一號

固定支出	每月支出	後來支出	當月現省	一年省下	五年省下	十年省下
房貸或房租						
勞健保或國保						
水費						
電費						
手機費						
室內電話費與有線電視費						
網路費						
保險費						
瓦斯費						
交通費						

存款秘書二號

流動支出	每月支出	後來支出	當月現省	一年省下	五年省下	十年省下
早餐						
午餐						
晚餐						
聚會大餐						
娛樂費（唱歌）						
裝、鞋費						
養品費用						
用用沐浴品）						
料費						
用金						

存款秘書三號

收入	固定收入	資本獲利	總和
一月			
二月			
三月			
四月			
五月			
六月			
七月			
八月			
九月			
十月			
十一月			
十二月			
年度總收入			

存款秘書四號

存款體質	A銀行存款（薪資存入銀行）	B銀行存款（家附近的郵局）	B銀行定存（家附近的郵局）	外幣戶頭	總和
一月					
二月					
三月					
四月					
五月					
六月					
七月					
八月					
九月					
十月					
一月					
二月					
夷總收入					

收入	固定收入	資本獲利	總和

存款秘書六號

還款日期	還款金額	尚未還清貸款

存款秘書七號

存款日期	存款金額	目前總存款

存款秘書八號

入袋日期	投入金額	累積基金	距離目標只差？

在家工作賺到100萬
定價NT280元

如何把創意和趣味變成賺錢工具？
如何在小眾市場做出大餅？
如何在不景氣中找到自己的獲利模式？

*圖文解析、輕鬆易懂

　　全書圖文活潑有趣，描繪觀點幽默詼諧，讓讀者在爆笑之餘，除了對「在家工作」的嚮往之外，能更進一步了解看似自由無束縛的自由工作者的真實生活面，並非只是享受自由，更要懂得規劃自己，才能過得自在好生活。

*在家工作，立即賺

　　作者對每個在家工作有超完整解析，從該行業的入門門檻、市場行情、接案技巧、進階發展，到經驗分享，讓您完整掌握各行業兼差賺大錢的獨門心法！

Enrich

多做少說賺到第一個100萬

定價NT150元

*最高規格的製作

本書運用全彩圖解的高規格製作，用通俗化的語言、豐富的圖表，包含「勇者無懼的0.5秒奇蹟」、「林書豪的可愛西裝照」、「書呆子加油方式」等繪圖，力圖讓讀者輕鬆認識林書豪，並且讓他的成功故事可以激勵更多正在努力的人。

*林書豪旋風大公開

本書堪稱為最完整的林書豪成功學，從林書豪的崛起、心路歷程、堅持夢想、謙虛待人等方面，作者都有精彩且詳盡的解析。

*本書作者版稅全數捐出

林書豪不為名利而賺錢，因此作者也決定此書的版稅將全數捐獻給「財團法人基督教愛網全人關懷社會福利慈善事業基金會」。

Encourage

用10%的薪水賺到100萬
定價NT280元

存股票，小錢致富DIY

*淺顯易懂的語言和圖表

本書大膽剔除了很多看起來很有用，但是實際中並沒有用的投資理論和道理，用通俗化的語言、大量的案例分析，力圖讓讀者最快速地解決投資股市初期的許多難題。

*從大趨勢判斷投資新方向

唯有判斷好股市的大趨勢，進而才是選擇投資的股票，而大趨勢的判斷最簡單也是最快的方式，就是研究股市的技術面。

*鼓勵投資者要有自己的想法

身為投資者，要想到買賣股票後，會有什麼樣的後續效益，不能只依靠明牌來下決策，必須要有自己獨到的看法和見解。

Enrich

3分鐘職場讀心術
定價NT280元

全彩圖解，銀髮族量身訂做

*系統性的規劃與分析

　　本書從防止身體衰老、保持健康、平衡飲食營養、運動健身、健康的生活方式、疾病預防的常識等方面，全面系統地為銀髮族做了最好的規劃與分析。

*實用、具體、生活化

　　精選出熟齡族面臨的健康問題，提出的問題內容以具體、生活化的現象來表現，説明因器官退化可能會產生的健康狀況，並提出簡易的改善方式。

*從各年齡層的身心狀態特點，提出保健養生的重點

20～30歲　越是黃金狀態，越要積極重視健康
30～40歲　壯年一族，要注意壓力及飲食調節
40～50歲　身體機能出現的衰退跡象，不可忽略
50～60歲　開創身心靈的第二春
60～80歲　優雅的老後人生

Enrich

成功雲 18

出 版 者 / 雲國際出版社
作　　者 / 典馥眉
繪　　者 / 金城妹子
總 編 輯 / 張朝雄
封面設計 / 艾葳
排版美編 / YangChwen
出版年度 / 2015年01月

30歲前,
一定要存到
Saved to one million
100萬

郵撥帳號 / 50017206 采舍國際有限公司
（郵撥購買，請另付一成郵資）
台灣出版中心
地址 / 新北市中和區中山路2段366巷10號10樓
北京出版中心
地址 / 北京市大興區棗園北首邑上城40號樓2單
　　　元709室
電話 / （02）2248-7896
傳真 / （02）2248-7758

全球華文市場總代理 / 采舍國際
地址 / 新北市中和區中山路2段366巷10號3樓
電話 / （02）8245-8786
傳真 / （02）8245-8718

全系列書系特約展示 / 新絲路網路書店
地址 / 新北市中和區中山路2段366巷10號10樓
電話 / （02）8245-9896
網址 / www.silkbook.com

30歲前,一定要存到100萬/典馥眉
著. 初版. -- 新北市：雲國際, 2015.01
面；　公分

ISBN 978-986-271-558-1 (平裝)

1. 個人理財 2.儲蓄 3.投資

563　　　　　　103021305